KB046232

주부의 인생을
경영하라

주부의 인생을
경영하라

초판 1쇄 인쇄 _ 2021년 1월 20일
초판 1쇄 발행 _ 2021년 1월 30일

지은이 _ 유진영

펴낸곳 _ 바이북스
펴낸이 _ 윤옥초
책임 편집 _ 김태윤
책임 디자인 _ 이민영

ISBN _ 979-11-5877-224-6 03190

등록 _ 2005. 7. 12 | 제 313-2005-000148호

서울시 영등포구 선유로49길 23 아이에스비즈타워2차 1005호
편집 02)333-0812 | 마케팅 02)333-9918 | 팩스 02)333-9960
이메일 postmaster@bybooks.co.kr
홈페이지 www.bybooks.co.kr

책값은 뒤표지에 있습니다.
책으로 아름다운 세상을 만듭니다. ― 바이북스

마인드체인저 유진영의 나로 살기 프로젝트

주부의 인생을 경영하라

유진영 지음

바이북스
ByBooks

내 시간이 절실했다

"아이들 키우고, 우리 언제 돈 벌지?"

"그동안 해놓은 것도 없는데, 어느 세월에 다시 사회로 나가겠어?"

아이를 키우면서 전업주부로 살고 있는 엄마들이라면, 한 번쯤 나누었음직한 대화일 것이다. 서로의 처지를 확인하면서 때로는 한숨 섞인 탄식도 터뜨렸을 것이다.

나는 스물네 살에 결혼하여 스물아홉 살에, 이십대의 마지막 순간에 셋째 아이를 출산했다. 한창 청춘이라고 불리는 그 나이, 나는 거의 출산과 육아로 보내온 셈이다. 아이들 젖먹이 시절, 내가 바라본 친구들은 높은 구두에 예쁜 치마를 입고 멋진 커리어 생활을 이어가고 있었다. 결혼은 나의 선택으로 이루어졌음에도 그런 친구들이 부러웠다. 현실 직시가 빠른 나는 이내 엄마로 돌아오긴 했지만 말이다.

시간이 지나면 지날수록 '엄마'라는 이름 뒤, 내 이름 세 글자 유

진영으로도 살고 싶은 열망이 불쑥불쑥 얼굴을 내밀었다. 그런 내게 친정엄마는 아이들 키우는 데 전념하는 것이 돈 버는 것이라고 충고했다. 수긍하다가도 뒤돌아서면 나는 '엄마'라는 일 외에 도대체 무슨 일을 할 수 있을까 궁금해졌다. 분명 어릴 적 꿈도 많고 하고 싶은 것도 많은 열정 소녀였는데……

언론 보도를 보면 사회에서 원하는 스펙 기준은 어마어마했다. 내가 범접하기에는 멀고 먼 어디쯤으로 보였다.

'사회생활 경험도 거의 없는 내가 과연 할 수 있는 일이 있긴 한 걸까?'

의문의 연속이었고, 그 의문으로 답답한 하루하루를 보내야 했다. 답답해서 책을 여러 권 읽었다. 다양한 책들이 "지금 이대로도 괜찮아요"라고 이야기했다. 잠깐 위로가 되다가도 그때뿐 나아지는 건 없었다. 그러던 중 김미경 강사님이 한 강연에서 한 말이 가슴에 꽂혔다.

"엄마의 자존감은 자신을 위해 쓴 시간에서 나온다."

삼남매 24시간 풀타임 육아일 때 '나'의 시간을 마련하는 것은 정말 어려웠다. 아이들 갓난쟁이일 때는 전적으로 엄마의 케어가 필요하다. 먹고 싶을 때 먹여주고, 자고 싶을 때 재워주고, 어디 가고 싶을 때 손잡고 따라가줘야 한다. 아이들의 기본 욕구를 모두 충족해줘야 한다. 첫째 아이 어린이집 가 있을 동안 둘째 보살펴야지, 둘째 잘 시간에는 첫째가 오지, 그 사이 셋째 아이도 임신하여 몸은 무겁지, 정말 하늘이 노랬다. 아이를 가진 것은 축복이요, 낳을 수 있다는 사실 또한 큰 기쁨이지만 하루하루 육퇴(육아퇴근) 없는 시절에는 숨통 틔우고 싶은 마음이 간절했다.

남편은 집에 있을 때 잘 도와주기는 했지만 직업 특성상 당직과 야근이 잦았던 터라 나의 풀타임 육아는 계속될 수밖에 없었다. 결국 육아 우울증이 찾아왔다. 좋은 엄마가 되고 싶지만 엄마로서 아이들을 충분히 돌보지 못한다는 자책감이, '나'의 시간이 없다는 답답함이, 할 수 있는 일이 없다는 공허함이 복잡하게 뒤섞였다.

어느 깊은 밤, 아이들을 재운 뒤 술병을 들고 작은방으로 들어갔다. 화려해 보이는 사람들의 SNS 속 삶을 들여다보며 곪은 속이 더 곪아버렸다. 신세한탄은 더 깊어졌다.

그런 나날들이 길어지면서 몸과 마음이 망가질 대로 망가졌다. 에너지 소비만 하는 일상들이 다람쥐 쳇바퀴 돌듯 이어졌다. 나에게는 어둠과 그 어둠을 더욱 찾게 만드는 생활습관만 남은 느낌이었다. 변화해야 한다는 것을 어렴풋이 인식하면서도 변화하지 못했다. 죽을 것만 같았다. 살기 위해 책을 집어들었다. 책을 읽는다고 뭐가 달라질까 싶었지만 그렇게라도 해야 겨우 살 수 있을 것 같았다.

전투적으로 책들을 읽어나가다가 어떤 대목에서 번쩍 정신이 들었다.

그저 상황에 맞게, 환경에 맞게
나를 그 카테고리 안에 끼워 맞춰 살아오지 않았나요?
스스로의 인생 경험들을 회고해 들어가면

자신의 생각과 그 결과가 연관되어 있습니다.
스스로를 '인생의 피해자'라고 생각하게 만들었던 것들이,
결국은 자신의 왜곡된 생각들에서 비롯됩니다.

-《세도나 마음혁명》, 레스터 레븐슨, 헤일 도스킨

나는 발견할 수 있었다. 늘 한계 지었던 내 생각들을, 스스로 재단했던 시간들을, 불안과 두려움으로 가득한 채 세상을 무서워했던 나를.
'결국 이러한 것들이 나를 좀먹고 있었단 말인가?'
머리를 한 대 세게 얻어맞은 기분이었다.

'나'의 시간이 없다면, 의도적으로라도 만들어야겠다는 생각이 들었다. 우울한 터널 속에서 뚜벅뚜벅 걸어 나와야겠다는 의지가 꿈틀거렸다.
'너무 깊이 들어가 있어서 시간이 좀 걸리겠지만,
나는 '나'를 만나야 해.'

만나야 했다. 그리고 질문해야 했다.

"너는 진정 어떠한 삶을 살기 원하니?"

차 례

chapter 1

궁금한 나

혼자만의 시간이 절실해서

학창시절 혼자 있기를 좋아했다. 그 이유는 무엇이었을까? 그 이면에 드리웠던 내 마음을 들여다보았다. 다른 사람과 함께 있는 시간이 나에게는 에너지가 극도로 소비되는 시간이었다. 대화를 하다가 마음속에서 거부감이 들어도 내 의견보다는 남의 의견에 동조하는 경향이 많았다. 상대방과 대화 후 내 대답은 늘 같았다.

"응, 괜찮아."

그러나 마음속에서는 다른 대답을 내놓았다.

'사실 괜찮지가 않아.'

그렇게 혼자 있기를 좋아했고 또 혼자였던 내가 지금 또 혼자만의 시간이 필요하다고 말하고 있다. 학창시절에는 전적으로 피하기 위한 '혼자 있음'이었다면, 지금은 나 자신을 위해 온전히 혼자 있는 시간을 의도적으로 마련하려는 것이다.

혼자 있는 시간을 마련한다고? 그렇다. 그런 생각이 들기 전까지의 나는 사람과의 관계에서 영혼이 탈탈 털리는 것 같은 고통을 느끼며 살았다. 집에 돌아오면 시름시름 앓았다. 그러한 패턴이 반복되다

보니 사람 만나는 횟수를 자연히 줄여나갔고, 그러자 세상에 나가 무슨 일을 하는 것조차 두려워하기에 이르렀다. 두려움은 내 삶을 어찌할 도리 없는 인생으로 단정 지었다. 세상에 대한 기대감도, 내 미래에 대한 긍정도, 그 어느 것도 내 안에 자리할 수 없었다. 내 속마음 하나 제대로 털어놓지 못하는 세상에 기대감이 있을 리 만무했다.

이대로 살다간 정말 뭐 하나 하고 싶은 일도 제대로 못하고 생을 마감할 것 같았다. 결혼 후 아이들이 어느 정도 크고 내 시간을 돌봐야겠다는 생각이 들었을 때 더 이상 이렇게 살고 싶지 않아졌다. 희생적인 삶을 벗어나 주도적인 삶으로 나아가고자 하는 굳은 결심이 선 것이다. 파도가 밀려와 모래톱 위에 그은 선이 사라질 정도의 뜨뜻미지근한 다짐이 아니었다. 자리를 박차고 일어나 두 주먹 불끈 쥘 정도의 뜨거운 열망이었다.

그동안 있었던 불필요한 만남을 줄이고 에너지 소모만 되는 시간들을 제거하고 나에게 온전히 집중할 시간이 필요했다. 필요함을 넘어 절실했다. 이것은 단순히 피하는 것이 아닌, 내가 나 자신에 대해 알고자 하는 적극적 움직임이었다.

궁금했다. 나는 어떤 삶을 살기를 원하고 또 어떤 일들을 해나가고 싶어 하는지……

조언을 얻을 곳이 필요해서 책을 집어들었다. 지금껏 읽었던 책들이 대부분 육아서였다는 사실이 새삼 애잔하게 다가왔다. '그동안 생각하며 살았는가'라는 질문이 깊은 곳에서 올라왔다. 이제야 비로소 '나를 알기 위한 독서'로 확장하게 되었다는 사실에 가슴 뭉클했다.

결국 모든 것이 나의 선택이었다는 깨달음에 정신이 반짝 들었다.

그때 알았다. 더 건강한 선택이 되려면 내 마음속의 그림을 온전히 출력하는 연습이 필요하다는 것을. 그래야 내가 무엇을 원하는지, 어떤 삶을 살기를 바라는지 눈으로 확인할 수 있다는 것을.

물론 책을 읽었다고 해서 당장 확답을 얻은 건 아니었다. 서두르지 않았다. 그냥 문득 답이라고 떠오르는 것들을 마음에 담았고, 그것을 종이에 적었다. 우리는 항상 바로 확답을 얻고 싶어 하지만 그것은 여간 어려운 일이 아니다. 더구나 그동안의 경험 크기가 작다거나 접해본 것이 적으면 더더욱 답을 내리기 막막하다. **일단 떠오르는 것을 끄적거리는 것이 '나'를 아는 출발점**이 된다고 생각한다.

《뜨겁게 나를 응원한다》에 이런 부분이 나온다.

변화하고 싶다면 나를 만나는 시간을 갖고 내면의 힘에 대해 공부하며, 어떤 경우에도 나는 해낼 수 있다고 자신을 응원할 수 있어야 한다. 단 하나의 놀라운 멋진 삶은 바로 '내가 창조하는 삶'이다.

'내' 생각을 들여다보고 적으면서 정리가 되어가는 나만의 시간은 분명 매력적인 시간이 될 것이다.

나는 나만의 질문에 답을 구하기 위해서 아이들이 잠든 시각, 가장 먼저 일어나 새벽을 밝혔다. 고요한 시간에 나하고의 대화가 더 잘될 것을 알고 그렇게 한 것이다. 집중할 수 있었고, 설레기도 했다. 나는 나에 대해 궁금했기에 그러한 답을 하나하나 적어가다 보니, 풀리지 않을 것 같은 내 삶의 실마리가 하나하나 풀려가는 기분이 들었다.

처음 '나'하고의 대화는 분명 어색할 것이다. 우리는 타인과의 대화에 익숙하지 나 자신과의 대화는 부족한 편이다. 자신과의 대화는 정말 필요하다. 살면서 '내'가 무엇을 원하는지 알고자 한다면 진정 스스로에게 질문해야 한다. 질문하고 답을 끄적이며 찾아가는 사이 자신만의 삶의 카테고리가 만들어질 것이다.

스스로 답을 찾고 책임지는 자세

누구나 한 번쯤 고민 상담을 원하는 친구와 대화를 나눠본 적 있을 것이다. 그런 상황에서 친구는 몇 가지 선택지를 정해놓고 어떤 선택이 좋겠느냐고 묻기도 한다. 대부분은 그 질문을 회피하지 않고 성심성의껏 대답을 해준다. 친구에게 도움을 주고 싶은 마음 때문이다.

그런데 정작 자신에게 중요한 고민이 생겼을 때 어떻게 해야 할까? 물론 친구나 지인에게 고민 상담을 요청할 수도 있을 것이다. 믿음직스러운 사람이라면 그 조언을 참고하는 것도 나쁘지 않은 선택이다.

하지만 늘 남에게 의지할 수는 없다. 이제는 남에게 맡기지 말고 스스로 답을 찾아나가자. 어디까지나 최종결정은 '나'의 몫이다. 내선택, 답에 스스로 책임져야 한다. 특히 본인의 최종선택의 결과가 좋지 않을 때 남 탓을 하는 사람도 있다. 그런 경향이 있는 사람이라면 더더욱 스스로 답을 찾으려는 자세가 필요하다.

나 역시 스스로 답을 찾으려고 노력한다. '떠오르는 답을 끄적이기'한 것도 그런 노력 가운데 하나이다. 답을 찾으면 목소리를 통해 녹음해도 좋다. 하지만 기록하기를 권한다. 무엇보다 기록에는 시각화의 힘(기록은 '쓰는 확언'과도 같다. 행동으로 이끄는 힘이 있다)이 있다. 그 힘을 믿고 펜을 들어 답을 적어보자.

기록하는 방법을 몇 가지 질문 항목을 통해 알아보고자 한다.

Q-1 내가 바라는 삶은 어떤 삶일까?

이 세상을 나타내는 큰 원을 그려 그 안에 적어보자. 원을 하나의 큰 지구로 여긴다. 이 지구상에서 나는 어떤 삶을 바라는가 생각해본다.

- 이 세상을 살아가는 이상적인 나의 모습, 즉 현재 그 모습이 되
  어 있는 상태를 떠올리며 그 느낌을 적어보자.
- 내가 바라는 가족의 모습
- 맺고 싶은 인간관계 스타일(직장, 친구, 이웃, 시댁 식구, 친정 식구
  등 여러 가지 인간관계 스타일에 대해 구체적으로 적는 것이 좋다.)
- 하고 싶은 일(많다면 분야별로 나누어보자.)

Q-2 내 삶은 어떤 삶인가?
바로 정의해볼 수 있는가?

이 세상은 '내'가 바라보는 대로 만나게 되어 있다. 당신이 앞으로 바라볼 세상은 어떤 세상인가 생각해보고, 삶을 재정의해보자.

나는 이 질문을 스스로에게 던지며 다시 주도적인 삶을 살고자 결

심했다. 그리고 내 삶을 정의했다. 그것을 예로 들겠다.

- 내 삶은 '내 꿈을 이루는 희망터전'이다.
- 내 삶은 '내 좋은 것 모두 담은 선물꾸러미'이다.
- 내 삶은 '나를 빛내주는 하이라이터'이다.

누구에게 보여주기 위해 쓰는 것이 아니다. 그러므로 가슴에서 이거다 싶은 답을 마음껏 적으면 된다.

Q-3 어릴 적 즐기고 좋아했던 나의 꿈은 무엇인가?

사실 이 부분은 내가 자주 한계를 그어놓고 포기하던 꿈들이었다. 하지만 버킷리스트를 작성하면서 다시 그 꿈들을 불러왔다. 내가 설레고 좋아했던 것들임을 깨닫게 되었고, 삼십대 후반 들어서 다시 도전하고 즐기게 되었다.

한계 없이 마냥 꿈꾸고 좋아했던 어린 시절의 취미나 재능이 현재 원하는 일의 목록일 수 있다. 그것을 참고해보자.

Q-4 두려움을 걷어내고 뭐든지 할 수 있다면 하고 싶은 일은 무엇인가?

우리가 늘 한계 지으며 포기하게 되는 이유는 두려움이다. 안 해본 것, 잘 모르는 것에 대해서는 두려움을 가질 수밖에 없다. 하지만 누구나 판타지 모험의 여주인공을 부러워했던 경험이 있을 것이다. 그 부러움은 곧 한계를 걷어내고 나아가고 싶은 욕망의 다른 이름이다.

이 질문은 '이것이 이루어질까? 안 이루어질까?'를 묻는 것이 아니다. '이것을 해도 될까? 안 될까?'를 판단하는 것은 더더욱 아니다. 그런 생각이 들더라도 일단 답을 적고 보자. 반복적으로 적다 보면 답은 바뀔 수 있지만, 바뀌더라도 자신이 원하는 답으로의 방향이 보다 구체화될 수 있다. 확실한 건 나만의 답을 찾아갈 수 있다는 것이다. 수정의 수정을 거듭하며 말이다.

Q-5 남이 정한 '성공' 말고
내가 생각하는 진정한 '성공'은 무엇인가?

성공이라는 것, 어쩌면 흔히 말하는 객관적인 정의를 떠올릴 수도 있을 것이다. 경쟁에서 이기는 것, 돈 많이 버는 것 그것도 하나의 성공이라는 카테고리에 들어갈 수는 있다. 하지만 자신의 내면에 귀 기울여보자. 내면에서 그것이 진정한 성공이라고 말하고 있는가?

남들이 정해놓은 성공의 기준을 따라가다 보면 도중에 지칠 수 있다. 힘든 어느 순간, '무엇을 위해 이렇게 달려왔는가?' 하며 허탈해할 수도 있다. '나'의 외적, 내적 양면이 다 충족되는, 성공이라면 더 좋지 않을까? 그것을 고민하고 적어보자.

여섯 번째 질문은 다소 생뚱맞을 수 있다. 내 이름 한자는 '보배 진', '꽃부리 영'자이다. 그동안 나는 그냥 '보배로운 꽃이구나'라고만 생각하고 삼십 년 이상을 살아왔다. 그런데 내가 참가한 한 수업에서 자기 이름과 닉네임의 의미를 사람들 앞에서 소개하는 시간이 있었다. 그렇게 깊이 생각해본 적 없던 내 이름이었는데, 먼저 발표를 하는 사람들은 모두 자신의 이름에 대해 깊이 있는 뜻을 이야기했다. 나는 한 가지라도 더 말해야겠다는 생각이 들어 급히 스마트폰을 들고 검색했다. 검색하면서 새로운 사실을 발견했다.

보배 진: '소중히 여기다' '진귀하게 여기다'

나는 이것을 '나만의 의역'으로 해석했다. 나 유진영은 '아주 귀하고 소중한 사람'이라고 말이다.

꽃부리 영: 꽃잎 전체

이것 역시 '나만의 의역'으로는 '나 자체'라는 해석이 가능했다.

고로 '나는 존재 자체로 귀하고 소중한 사람'이라는 정의를 스스로 내리게 되었다. 너무 신기했다. 내 이름에 대한 재정의, 처음 하는 경험에 처음 갖는 느낌이 찾아왔다. 그 느낌에 나는 달아올랐다. 비로소 나는 내 이름을 깊이 받아들일 수 있었고 사람들 앞에서 재정의

한 내 이름의 뜻을 자신있게 설명할 수 있었다.

이 기회를 통해서 나는 내 이름을 다시 바라보고 더 좋아하게 되었다. 내 자신을 더 사랑하게 되었다.

우리 엄마들에게 권한다. 자신의 이름 세 글자를 재정의해보기를 바란다. 스스로를 더욱 사랑하게 될 것이다. 그 사랑이 삶을 변화시킬 것이다. 이름이 한자이든 한글이든 관계없다. 다시 정의해보자. 그것이 어렵다면 삼행시도 괜찮다.

내 이름 삼행시를 보며 용기를 내기 바란다.

유: 유능한 유 작가
진: 진정성으로
영: 영원히 세상을 이롭게 하다!

어떤가?
피식, 웃음이 나왔는가?
부끄러움은 우리 독자의 몫이다.
우리 독자들도 기꺼이 용기내기 바란다.

지금은 나를 인정하는 시간

"끄억~."

"진영아, 트림 좀 그만해!"

"그만하고 싶은데, 나도 모르게 계속 나와."

"뭐 먹었는데?"

"뭐 먹은 거 없어. 그런데도 계속 이렇게 헛트림이 나와."

중고등학교를 거치면서 헛트림이 심했다. 그저 원래부터 소화가 잘 안 되는 타입이라고만 생각했다. 약을 먹어보기도 했지만 잘 듣지 않았다.

그런 상태로 나는 어른이 되었다. 대학 시절에도 성가신 속트림은 계속됐다. 후에 엄마가 되고 다양한 책을 읽고 공부하면서 나의 몸이 왜 그렇게 반응했는지 이해할 수 있었다. 몸과 마음은 연결되어 있기에 심리적인 원인이 가장 크다는 것이다. 늘 속으로 곪고 곯았던 내 마음이 내 몸을 병들게 한 것이다. 말을 내뱉어야 할 때 제때 내뱉지 못하고 속으로 끙끙 앓았던 지난날……. 원인을 알게 되니, 그제야 내 안의 아픔을 마주하게 되었다.

결론적으로 지금은 속트림 증상이 없다. 좀 더 세상에 마음을 열고 나아가기로 했던 그 순간부터 나를 오픈하는 것에 예전보다 조금은 더 자유로워졌고, 내 의견을 말하는 것에 좀 더 편안해졌기 때문이다. 속트림 증상을 낫게 하려고 일부러 노력했다기보다는 마음이 편안해져서 자연스럽게 나아졌다고 하는 것이 맞을 것이다.

내가 무엇을 좋아하고 무엇을 싫어하는지 파악이 되면서 좀 더 나는 나와 친해져야겠다고 생각했다. 늘 외면하고 모른 체해왔던 나를 이제는 내가 보듬어주어야겠다고 생각했다. 그래서 건강한 나로 서기를 진심으로 소망했다.

내 삶을 주도적으로 살아야겠다는 결단이 섰을 때부터 세상에 원하는 것들의 점들을 찍기 시작했다. 삶을 다시 사는 것 같은 느낌은 내 마음을 표출하고 그것을 하나하나 그려가기 시작했을 때 비로소 가능하게 되었다. '나'를 이해한다는 의미는 이런 것이다. 진정 내가 어떤 삶을 살기를 원하는지 끊임없는 질문 속에서 나만의 답을 찾는 것. '나'를 안다는 것은 내가 무엇을 좋아하는지 점찍으면서 삶 속에서 하나하나 실현할 수 있도록 스스로를 돕는 일이다.

오랜 시간 과거를 업고 살았다. 그 과거의 짐들이 나를 짓눌러 때로는 걷는 것조차 힘들었고, 때로는 숨 쉬는 것조차 힘겨웠다. 나의 이 말에 지인들은 놀랄 수도 있을 것이다. "그렇게 안 보였는데 정말 그랬니?" 하고 반응할 수도 있고, "숨은 표정 뒤에 힘든 마음이 자리하고 있었구나" 하고 공감할 수도 있을 것이다.

사실은 그랬다. 피에로처럼 가면을 쓰고 살았다. 예전에 아이들

육아서를 읽다가 가토다이조의 《착한아이로 키우지 마라》를 보면서 '내 아이는 그렇게 키우지 말아야지' 하며 다짐했던 적이 있다. 나는 그 책의 많은 부분을 공감했고, 소위 사회에서 말하는 모범적 인간으로 살기 위해 그 기준에 맞추려 노력했다. 늘 그러한 기준에 어긋나지 말아야 한다는 강박마저 있었다. 육두문자 한번 제대로 내뱉어 본 적 없었다. '착한 아이 콤플렉스'에 시달렸던 것이다. 착한 아이 콤플렉스란, 자신의 감정을 솔직히 표현하지 못하고, 타인에게 착한 사람으로 남기 위해 욕구나 소망을 억압하면서 지나치게 노력하는 것을 말한다.

하지만 **이제는 남에게가 아닌 나 자신에게 먼저 착해져야 한다는 것을 안다.** 착하다는 말을 보통 어떤 의미로 받아들이고 있는가? 부모 말씀, 선생님 말씀, 나이 많은 사람의 말을 잘 들을 경우 "참 착하다"라고 많이 듣지 않는가? 이제는 생각을 고쳐보자. 착하다는 표현은 '내' 마음속 말을 잘 듣는 나에게 하자. 그리고 이제는 타인을 칭찬할 때 '착하다' 대신 "저 사람은 얼굴도 아름다운데 마음도 아름다워" 같은 식으로 표현해보면 어떨까?

언젠가 나는 딸아이를 등교시키며 이런 대화를 나누었다.

"엄마는 착하다는 말이 그렇게 좋게 들리지는 않아. 어릴 적 늘 타인의 말에 따라야만, 남이 하라는 대로 해야만 착하다는 소리를 들었거든. 이제는 그 '착하다'는 표현은 엄마 자신에게만 할 거야. 내가 무엇을 원하는지 읽고 내 마음에서 '이렇게 해주면 좋겠어'라고 말하면, 나는 내 마음의 말을 따라 현실에 적용하는 삶을 살 거야. 그럴 때 착하다고 할래.

근데 수진아, 엄마 친구 중에 ○○라는 친구가 있는데, 그 친구는 얼굴도 아름다운데 마음도 아름다운 거 있지?"

"하긴 엄마가 우리에게도 착하다는 표현은 잘 안 했던 거 같아. 엄마! 그럼 나는 내 친한 친구 ○○한테, '너는 얼굴도 예쁜데, 마음도 예뻐'라고 표현할래."

그렇다. '나'에게 먼저 착해져야 비로소 내가 아프지 않고 잘 살아갈 수 있다. 진정한 기쁨이 무엇인지도 알고 살아갈 수 있다. '나'를 이해하고 알기 위해 간단한 질문을 던지고 답을 적어보자. 앞서 말한 대로 펜을 잡고 쓰는 기록은 '내' 생각을 나만의 답으로 도출하는 과정이다. 그래서 나는 늘 이 과정을 강조한다.

이 과정을 '오감체화'라고 표현한다.

손으로 직접 쓰고

눈으로 보고

내가 바라고 있는 점이 이루어지고 있음을 느끼며

입으로 읽고

귀로 듣고

이렇게 오감을 자극해야 '내' 인식에 더 잘 박히는 법이다.

이제 질문을 통해 '나'를 이해하고 알아가는 시간이다.

Q - 1 내가 좋아하는 음식, 물건, 장소, 공간스타일은 무엇인가?

Q - 2 내가 설레는 감정을 느낄 때는 언제인가?

Q - 3 내가 진짜 하고 싶은 일은 무엇이며,
　　　　진짜 되고 싶은 모습은 어떤 모습일까?

Q - 4 내 마음에 끌어들이고 싶은 감정들은 무엇일까?

Q - 5 내가 존경하는 사람의 모습은 어떤 모습일까?
　　　　그 모습에서 내가 배울 점은 무엇일까?

Q -6 지금 당장 원하는 인생의 목표는 무엇인가?
　　　　－5년 안의 목표
　　　　－3년 안의 목표
　　　　－1년 안의 목표
　　　　－한 달 안의 목표
　　　　－주별 목표

이와 같이 범위를 점점 좁혀가 보자. 당장 해야 할 것이 더 눈에 띌 것이다.

Q-7 목표를 위해 나는 어떤 사람이 되어야 하는가?

각 목표 옆에 적어보자.

범위가 넓다는 생각이 들면 당장 1년 안에 이루고 싶은 목표 옆에 이 목표를 이루기 위해 어떤 사람이 되어야 할까 생각하고 적어보자. 예를 들면 '나는 ~사람이다'라고 확언하듯 적자. 마치 이룬 듯이 말이다.

Q-8 그다음 확언한 대로 되기 위한 실천사항들을 세부적으로 적는다.

- 시간 분류: 하루 24시간 중 시간을 나누어 실천할 시간
- 마음 분류: 목표로 가닿기 위한 마음가짐
- 독서 분류: 목표에 가닿는 필요한 책 선정
- 공부 분류: 강의, 수업이 필요할 경우 필요한 수업 체크

Q-9 내가 어떻게 사회에 도움을 줄 수 있을까?
나의 어떤 재능으로 사회에 공헌할 수 있을까?

우선, 나의 '어떤 재능'으로 세상에 '어떤 도움'을 줄 수 있을까?를 떠올려보자. 그다음 '어떻게 도움을 줄 수 있을까?'를 적어보자.

사람은 혼자서만 살 수 없다. 사랑과 연대의 힘으로 타인과 어울려 살아간다. 그 속에서 자아실현욕구가 일어나고, 그 욕구를 충족할 때 행복해진다. 자아실현을 통해 이룬 것들을 나누고자 하는 욕구 또한 자연스러운 인간적 욕구이다. 그 욕구 또한 충족할 때 자신은 물

론 타인도 행복해진다. 당신은 어떤 재능으로 이 세상에 도움을 줄 것인가? 자문하고, 적어보자.

어떤 질문이든 그 답이 확고하지 않더라도 좋다. 앞서 언급한 대로 반복하다 보면 답이 점점 더 뚜렷해진다. 최소 세 번 이상 반복해보자.

한편 전후 질문 유형이 비슷해 보이는 경우도 있을 것이다. 질문들 사이에 연결고리가 있기 때문이다. 그 연결고리를 통해 생각을 반복하면 답이 좀 더 구체화될 수 있을 것이다.

chapter 2

나로부터
시작하는
온전한 기쁨

감정은 당연하다

《여행의 이유》를 쓴 김영하 작가는 이런 말을 했다. 가르치는 학생들에게 하지 말아야 할 금지어가 있다고 한다. 어떤 말일지 추측이 되는가? 그것은 바로 '짜증나'라는 말이다. 이 '짜증나'라는 말에 많은 감정이 뭉뚱그려 있기에 사람의 심리를 대변해야 할 사람들, 감정을 언어로 정확하게 표현해야 할 작가들은 그렇게 말해서는 안 된다는 것이다. 즉 이런 경우다.

생일날 엄마가 미역국을 깜빡하고 안 끓여주었을 때 서운해서 짜증나!

백화점 화장실에 휴지가 없을 때 황당하고 화가 나는 감정도 짜증나!

모든 걸 '짜증나'로 표현하는 이 예문을 통해 나는 알 수 있었다. 내가 그동안 감정에 다양한 이름표를 붙이지 않아서 표현에 있어 더 애를 먹었다는 것을.

인간은 다양한 감정을 갖고 있다. 모든 감정들이 인간에게 존재한다는 당연함을 인지한다면 따로 지녀야 할 감정, 부정해야 할 감정을 나누지 않고 그때마다 드는 감정들이 나에게 어떤 신호를 알려주는지 체크할 수 있다. 감정과 공존하는 법도 터득하게 된다. 그렇기에 감정이 주는 신호를 알아차리는 연습을 해나갈 것을 권한다.

두려움 마주하기

두려움이란 무엇일까?

'두려워하다'의 사전적 의미는 "꺼려하고 무서워하는 마음을 갖다"이다. '겁이 난다'라는 말과도 연결되는 감정이다.

우울하고 부정적인 생각을 많이 할 때에는 세상에 대한 두려움이 커졌다. 세상이 왠지 나를 위협할 것 같은 생각이 내 안에 자리 잡았다. 안 해본 것들을 하고 싶을 때 그 도전이 나에게 어떤 결과를 안겨줄지 몰라서, 그래서 또 두려웠다. 과연 잘 될까 하는 의구심이 나를 막막하게 만들었다.

어느 날, 책을 읽다가 빈칸을 발견했다.'나를 비난할 때와 칭찬할 때는 언제인가', 적는 칸이었다. 잠시 생각한 뒤 빈칸을 채웠다.

<u>나를 비난할 때는 원하는 일이 있는데도 두려워서 행동하지 않았을 때였고, 칭찬할 때는 원하는 일이 있어 두려움에도 불구하고 행동했을 때라고 적었다.</u>

그때 알았다. 두려움이라는 것은 어떤 새로운 도전에 있어, 새로

운 일을 시작함에 있어 만날 수밖에 없는 자연스러운 감정이라는 사실을. 두려움은 나에게만 있는 것이 아니었다. 그 깨달음 이후 두려움을 마음에서 내려놓을 수 있었다.

이 두려움의 속성을 알고 기꺼이 안고 행동으로 나아갈 때 결국엔 '내'가 바라는 일, '내'가 이루고 싶은 일이라는 사실과 마주할 수 있다.

Q-1 내가 원하지만 두려워서 행동으로 옮기지 못했던 일은 무엇일까?

한번 생각해보고 적어보자. 원하는 일이라면 기꺼이 그것을 안고 나아가기 위한 '나'만의 플랜을 적어보자. 첫걸음을 떼는 단 하나의 행동이라도 좋다.

나도 두려워서 행동으로 옮기지 못했던 일이 많았다. 그러나 두려움을 이기고 많은 것들을 해냈다. 그 일들은 아래와 같다.

1) 저질 체력인 내가 마라톤에 도전한 일
2) 운동과 거리 멀던 내가 운동 코치로 데뷔한 일
3) 앞에 나서길 좋아하지 않던 내가 프로젝트를 만들고 사람들을 모집한 일
4) 우울증 심했던 내가 내 경험을 토대로 마인드 코치로서 나아간 일

두려움을 기꺼이 안고 나아갔을 때 '내' 안의 가능성을 스스로 발

견하게 된다. 이루든 이루지 못했든, 그 과정에서 성장하고 뿌듯함을 느낄 수 있다. 자신감을 얻을 수 있다. 그다음 도전의 실행 동력을 얻을 수 있다.

불안 마주하기

불안이라는 감정은 언제 마주하게 되는가?

불안의 사전적 의미는 "편안한 마음이 아니다"라는 뜻이다. 결국 두려움과 이어지는 감정이다. 겁이 나서 두렵고, 두렵기에 편치 않은 마음. 우리는 이것을 불안이라 말하기도 한다.

아직 일어나지 않은 미래를 생각할 때 특히 불안이 찾아오기 쉽다. '자칫 내가 그린 그림과 다르게 그려지는 것은 아닐까? 혹여 지금 하고 있는 일이 내가 원하는 대로 되지 않는 것은 아닐까?' 하는 의심이 생길 때 드는 감정이 곧 불안이다.

잔잔한 바다 표면이 마음의 원래 상태라면, 이 표면에 때론 잔물결이 일기도 하고 때론 거센 물결이 일기도 한다. 불안을 이 잔잔하지 않은 바다 표면의 상태와 비유하면 더 이해가 쉬울 것이다.

평소 불안의 신호가 왔을 때 나는 고요한 물결을 떠올린다. 언제든 파도가 일 수 있다. 물결이 늘 고요할 수만은 없기에…… 이 현실을 인정하면 불안은 가라앉는다. 아직 나타나지 않은 불안의 그림은 허상일 뿐이라고 스스로를 다독일 수 있는 힘이 생긴다.

내게는 두 가지 불안이 존재했었다. 먼저 엄마로서의 불안이다.

나는 스물네 살에 결혼했다. 친구들 중에서 결혼이 가장 빨랐다. 친정과도, 시댁과도 먼 타지에서 혼자 지냈다. 그렇다 보니 도움을 요청하거나 의지할 곳이 없었다. 남편도 직장에 들어간 지 얼마 되지 않아 적응하느라 바빴고 업무 과중으로 밤을 새우고 들어오기 일쑤였다. 나 혼자 온전히 아이를 24시간 돌보느라 정신이 없었다. 발만 동동 구르고만 있을 수 없으니 불안해서 육아서를 읽어나갔다. 읽으면 읽을수록 더 오리무중이었다. 내 자신도 기준이 세워져 있지 않아 각기 다른 육아 정보에 혼란이 가중되었다. 지금 생각해보면 육아에 딱 떨어지는 정답이 있다고 생각했던 것 같다. 그래도 혼란 속에서 나름 발견한 교집합이 있다. 아이와 책으로 소통하기! 손재주가 없어 만드는 것에는 영 젬병이었던 터라 입으로 읽어주는 것이 제일 쉬워 보였다. 더불어 책을 읽어주면 아이의 인지발달에 도움을 주고 엄마와 밀착해서 함께할 수 있는 시간이 될 거라 생각했다.

첫째 아이가 10개월쯤 됐을 무렵, 그 시기에 맞는 전집 한 세트를 구입했다. 몇 개월 동안 책 20권을 밤낮으로 읽어주었다. 그것이 계기가 되었다. 똑같은 내용을 반복해서 읽어주다 보니 읽어주는 방법도 다양해졌다. 어떻게 하면 같은 내용도 재미있게 읽어줄 수 있을까 고민하던 나는 몇 가지 노하우를 터득했다.

'구호처럼 함께 외치며 읽어주기', '래퍼처럼 읽어주기', '리듬 타며 노래 부르듯이 읽어주기'. 그런 식으로 아이와 책으로 소통하는 시간을 늘려나가며 육아에 대한 불안을 낮추어갔다. 나아가 읽어주는 방식에 따라 아이의 '웃음코드', '지루코드'를 파악해 나만의 방식으로 아이를 돌볼 수 있는 방법도 터득해갔다.

남편 직업 특성상 근무지 이동이 있을 때마다 자주 이사를 했다. 하나의 에피소드를 이야기한다면, 이 책 육아 덕분에 무서움도 이겨낼 수 있었다. 당시 첫째 아이가 세 살이었는데, 아파트 재건축 통보를 받아 우리 동 아파트 건물의 모든 가구가 다 이사를 나간 상황이었다. 밤만 되면 아파트 단지가 캄캄해졌다. 우리 동 옆에 유치원도 있었는데, 유치원 보수공사가 시작되어 지나다니는 사람도 거의 없었다. 우리는 마지막까지 남아 있던 집이었다. 밤이 되고 남편이 당직하는 날이면 나는 밤새 아이와 책을 읽으며 무서움을 달랬다. 함께 책을 읽으며 놀다 보면 시간도 훌쩍 흘렀다. 훗날 세월이 흘러 가끔 남편과 그때의 기억을 추억하기도 한다. 어두컴컴한 집 주변, 멀리서 보면 호롱불만 켜 있는 듯한 우리 집, 귀신 나올 법한 그곳에서 잘 살았었다고, 그때 신기하게도 그렇게 무섭지는 않았다고 말이다.

또 하나의 불안은 '나'로서 새로운 일에 도전할 경우, 두려움과 동반하는 불안이다. 어쩌면 이 불안 신호는 더 잘되고 싶다는, 더 잘 살고 싶다는 우리 마음의 신호일 수 있다. 누구든 그 불안으로 때로 힘겨웠다면 이제는 그 불안이 잘 살고 싶은 '내 욕구'라는 것을 알고 스스로를 잘 다독이자.

'그래, 불안해질 수 있어. 하지만 이건 더 잘되고 싶은 마음이잖

아!'

이런 식으로 생각의 전환을 이루자. 생각의 전환은 마음을 다시 평온하고 고요한 상태로 돌아올 수 있게 도와준다.

원하는 일을 시작할 때 어떤 마무리를 상상하는가? 원하는 일의 멋진 끝을 상상하면 짜릿하고 설레지 않는가? 누구나 꿈꾸는 인생의 끝이 존재한다. 불안은 그 끝을 향해 열심히 나아가고 싶다는 열망의 이면이다. 그러기에 불안이 찾아와도 움츠러들 필요 없다.

Q-1 자신의 삶, 끝은 어떻게 끝나리라 믿는가?

긍정적으로 밝게 그리자. 부정적 상상을 긍정적 상상으로 대체하자. 불안해하는 스스로를 응원하면서 그렇게 불안을 달래보자.

어느 날, 아이 친구 엄마에게 전화가 왔다. 자주 다치는 아들이 늘 걱정이라고 한다.

"오늘도 밖에 나가 노는데, 다칠까 봐 겁이 나요. 불안해요."

목소리에서부터 불안한 그 마음이 고스란히 전해졌다.

아이들은 밖에서 놀지 않을 수 없다. 활동적인 아이들은 밖에서 친구들과 어울려 노는 것을 누구보다 좋아한다. 자식을 걱정하는 마음은 어느 부모나 마찬가지일 것이다. 하지만 불안한 마음이 아이에게도 고스란히 전해지는 것을 원하지는 않을 것이다. 부모의 마음은 아이에게 전해지기 쉽다. 그렇기에 부모는 불안한 감정이 드는 순간, 응원의 마음으로 빠르게 대체하는 것이 좋다.

'○○야, 오늘도 안전하게 잘 놀고 집에 잘 들어올 것에 감사해.'

이 마음에는 미리 상황을 긍정하는 태도가 들어 있다. 미리 상황을 긍정하는 태도는 불안을 없애는 데 특효약이다. 다른 생활 태도에도 좋은 영향을 미친다. 그러므로 아이가 다칠 것 같은 상상이 드는 순간, 아이가 웃으며 친구들과 잘 놀고 있는 모습을 머릿속에 그리며 마음을 어루만져주자.

불안 심리를 긍정 심리로 전환하는 연습이 필요하다. '나'에게 도움 되지 않는 걱정이라는 것을 깨닫는 순간, 그것을 하나의 전환 타이밍으로 삼자. 그래서 아이를 위한, '나'를 위한 생각과 말로 전환하자.

Q-2 불안한 감정이 들 때는 어떤 때인가?

Q-3 그것을 어떻게 빠르게 전환할 것인가?

조급함 마주하기

조급함이 드는 경우는 어떤 경우일까?

원하는 결과가 눈앞에 바로 보이지 않을 때, 남들은 원하는 목표를 빠르게 이루는 것 같고 '나'는 아닌 것 같을 때 조급함이 찾아올 수 있다. 하지만 조급함은 목표를 향해 가는 과정에서 드는 당연한 감정이다. 누구나 눈에 보이는 확연한 결과물을 바라기에 조급함이 생겨나는 것이다. 남들만 원하는 목표를 빠르게 이루는 것 같다고 조급해할 필요는 없다. 급하게 이룬 결과는 당장은 기쁨을 안겨줄 수 있지만, 과정에서 얻을 수 있는 진짜배기 교훈을 놓칠 수도 있다. 누구에게나 자신만의 때가 있다. 방향, 목적지를 분명히 정하고 노력한다면 반드시 때를 만나고, 끝에 다다른다.

어느 날, '공부의 신 강성태'님이 유튜브에 올려주신 영상의 댓글에서 이러한 댓글을 본 적이 있다.

공을 거꾸로 하면 운인데 공들여서 운이 되는 결과를 만들자. 파이팅!!!

공 들이다보면 좋은 운은 찾아온다. '나'의 때를 기다리고, 그때가 오거든 기꺼이 맞아주자.

Q - 1 내가 지금 공들이고 있는 일은 무엇일까?

Q - 2 그 과정에서 배운 점, 깨달은 점은 무엇인가?

호기심으로 찾아가는 삶

호기심의 사전적 의미는 "새롭고 신기한 것을 좋아하거나 모르는 것을 알고 싶어 하는 마음"이다.

자신에게 한번 질문해보자.

'나는 새롭고 신기한 것에 대한 관심이 있는가? 관심 있는 분야에 대해서 꾸준한 호기심이 있는가?'

한창 우울감이 심할 때는 세상에 대한 궁금한 점도, 더는 무언가를 새롭게 해볼 엄두도 나지 않았다. 그저 주어진 테두리 안에서 안정적으로 살아가는 것만이 이번 생의 최선이라고까지 생각했다. 조금만 그 테두리를 벗어나도 불안해서 온몸이 쭈뼛쭈뼛 섰다. 그런 삶속에서 호기심, 끌림이라는 것이 과연 있었을까?

우울감은 자세에서부터 나온다. 어깨를 축 늘어뜨린 채 땅만 보며 걸으면 주변에 지나가는 새들, 나무들, 사람들이 눈에 들어오지 않는다. 그저 두 발, 발자국만 보일 뿐이다. 그러면 시야가 좁아지고, 시야가 좁아지면 우울감이 깊어지기 쉽다. 자신이 좋아하는 것마저 놓칠 수 있어 우울감에서 빠져나오기 힘들어진다.

나는 내가 좋아하는 것을 찾고 그것을 직접 행동으로 옮겼을 때 내면에서 '진정한 기쁨'이 차오르는 경험을 했었다. 그 경험 이후 '내가 좋아하는 것은 무엇일까?' 더 생각하게 되었다. 그 생각이 바로 호기심이었다.

내가 좋아하는 것을 찾고 싶은 마음이 생긴다면, 호기심이 동한다면 고개를 들고 걷게 된다. 하늘도 보고 주위를 둘러본다. 한 걸음 한 걸음이 경쾌해진다. 그렇게 나아가면서 '이런 세상도 있구나'라는 것을 깨닫게 된다. 그 깨달음은 삶을 즐겁게 만든다.

조금 더 열린 시야를 갖자. 지금 즐길 게 없어 보여도 우선 세상을 향해 조금이라도 관심을 갖자. 그리고 조금이라도 관심이 가는 것에 도전하자. 도전하면 분명 '진정한 기쁨'과 만날 수 있을 것이다. 그 만남을 통해 세상과 소통하고 타인과 연결되고 비로소 자신과 연결되는 선순환의 삶을 살게 될 것이다.

Q-1 최근 호기심을 자극하고 있는 것은 무엇인가?

Q-2 만약 그러한 것이 없다면,
그래도 조금이라도 관심 있는 것은 무엇인가?

Q-3 조금이라도 관심 있는 것,
그 관심을 바로 채워줄 프로그램이나 강연은 있는가?

위 질문을 토대로 생각해보자.

'집에서 내가 바로 찾아갈 수 있는 곳은 어디인가?'

그리고 당장 경험하자.

재미가 숨어 있는 일상

재미란 무엇일까?

사전적 의미로는 "아기자기하게 즐거운 기분이나 느낌"이다. 보통 영화나 드라마를 보고 난 후 "재밌었어"라고 말을 한다. 때로는 썰렁한 유머를 던지는 사람의 체면을 위해 형식적으로 "재미있네"라고 내뱉기도 한다.

나는 나만의 진정한 재미를 일상 유머에서 찾아본다. 삶에 유머가 있어야 여유가 있다고 하지 않던가? 유머가 없다면 늘 각박하고 경직되고 긴장 속에 살게 될지 모른다. 유머는 웃음을 동반하는 유쾌하고 독특한 정서이다. 그 유쾌하고 독특한 유머를 통해 한바탕 껄껄껄 웃을 수 있다면 얼마나 좋을까? 누구나 그런 순간을 바랄 것이다.

웃을 일이 없다면 더 박장대소할 요소들을 의식적으로 찾자. '내 안의 기쁨'을 찾아가는 연습을 해보자. 일상 속에서 해보자. 아이들이 내 앞에서 우스꽝스러운 표정을 지을 때, 기꺼이 어떤 일에 빠져서 몰입하고 즐기고 있을 때(춤을 추는 것도 좋다), 남편과 서로 주거니 받거니 티격태격(싸움은 아닌 상황)할 때, 웃긴 코미디 프로그램을 볼 때(코미디언 분들께 정말 감사하다), 마음이 맞는 사람들과 만나 함께 이야기 나눌 때……. 나는 이런 시간에 박장대소할 요소들을 의식적으로 찾으려 했고, 그래서 찾았다.

그냥 지나치면 몰랐을 일상이 나에게는 재미 요소가 된다. 한바탕 껄껄껄 웃을 때 내 안에서는 자동으로 기쁨이 차오른다. 그 순간 삶은 재미있어진다.

Q-1 당신의 일상 속 재미 요소는 무엇인가?

온화한 미소의 고마움

온라인으로 상담과 코칭 일을 시작하면서 노트북 앞에서 일하는 시간이 많아졌다. 사람과 직접 만나는 '면대면'이 아니기에 어느 순간 장시간 컴퓨터 앞에서 일하며 무표정한 얼굴을 하고 있는 시간들이 많아졌다. 누군가와 얼굴 보고 대화하지 않는 한 미소 짓는 일이 많지는 않다. 그래서 나는 일부러 미소 짓기 시작했다. 단순하고도 쉬운 듯 어려운 미소 짓기는 내 얼굴 표정을 살렸다고 해도 과언이 아니다. 미소를 지을 때 동공은 확대되고 입꼬리가 올라간다. 아무 일 없었는데도 갑자기 미소 짓는 그 행위만으로 기분이 좋아진다.

코로나 이후, 사람 만날 일이 줄었다. 그렇다 보니 이 온화한 미소의 고마움을 더욱 느낀다. 기쁨을 찾는 것은 어려운 일이 아니다. 이런 온화한 미소를 짓는 것이야말로 '나'에게 내가 줄 수 있는 선물이 되지 않을까? 얼굴빛을 좋게 하고, 좋은 관상을 만들어주고, 현재 기분도 좀 더 나아지게 도와주니 말이다.

요즘 웃을 일이 없다면 거울을 보며 미소 지어보자. 거울 속 '나'의 웃음을 바라보자. '나는 웃지 못하는 것이 아니라 언제든 웃을 수 있는 사람이야'라고 마음속으로 다독여보자. 어느새 온화한 미소가 입가에 스르르 떠오를 것이다.

독서모임에서 한 작가님을 만났다. 웃어보라고 하신다. 입에 펜을 물고 웃었다. 펜이 입에서 떨어지면 그동안 얼굴 웃음근육을 많이 사용하지 않은 거라고 말씀하셨다. 순간 나를 두고 하신 말씀 같았다. 숙련되지 않은 내 얼굴 웃음근육은 파르르 떨리고 있었다.

집에 돌아와 거울을 보았다.

'그래……. 그래서 얼굴 광대가 이렇게 경직되어 있었구나. 그래서 웃을 때 얼굴근육이 많이 당겼었구나.'

내가 나를 위해 미소를 지어야겠다는 생각이 들었다. 나는 곧바로 펜을 물고 거울을 보며 웃기 시작했다. 침이 고여 내려놓고 싶었지만 계속했다. 거울 속 내 모습이 웃겨서 더 웃음이 나기도 했다. 어릴 적 잘 웃어보지 못했던 게 새삼 한스럽게 느껴졌다. 어린 시절의 나를 다독여주고 싶었다.

'그래……. 이제는 더 많이 웃자.'

그렇게 나는 나를 위로하고, 다짐도 했다.

혹시 지금 나처럼 해보려고 입에 펜을 문 사람도 있을지 모르겠다. 침이 고였는가? 그렇다면 잠시 펜을 빼고 침을 꿀꺽 삼킨 뒤 다시 하자. 침이 흐르는데도 계속 물고 있었다면, 당신은 정말 적극적인 실천가!

우리는 웃으며 살고 싶어 한다. 방금 펜을 물고 웃기를 실천으로 옮긴 사람은 더 많이 웃고 더 많은 행복을 그려가고 싶은 마음이 자리하고 있는 것이다. 웃으며 사는 인생, 절대 손해날 일 없다. 의식적으로 웃음 연습을 하자. 분명 더 많은 웃는 일들을 가져다줄 것이다.

뇌는 주인의 행동으로 감정을 입력한다는 말도 있다. 주인이 웃으면 뇌는 '주인님이 지금 참 행복하구나' 하고 행복 호르몬을 분비시킨다. 세로토닌(불안과 안정을 조절하는 호르몬) 수치를 높여준다.

아픈 환우들을 위해 만든 백천문화재단의 《웃음을 처방합니다》란 책에서도 이 내용을 볼 수 있다.

우리의 뇌는 우리가 무언가를 상상하면 그것을 실제라고 착각합니다. 그래서 실제로 행복하지는 않지만 행복한 감정을 흉내 내면 행복감을 느끼게 되는 것입니다. 이것이 억지로라도 웃어야하는 이유일 것입니다. 억지웃음으로 행복감을 느낄 수 있다니! 우리 마음의 힘은 정말 위대합니다.

오늘도 미소 짓는 하루를 보내자. 거울 속 '나'와 눈이 마주친다면 빙그레 미소 지으며 나에게 온화한 미소를 안겨보자. 내가 나에게 보내는 응원의 미소가 될 수 있을 것이다.

Q-1 거울 속 나에게 미소를 지어보자.
그리고 지금 당장 나에게 해줄 말을 떠올린다면?

설렘 세포를 깨울 시간

'설렘을 느꼈던 적이 언제였더라? 지금의 남편과 연애할 때?'

당신은 이런 질문에 어떤 답을 할 수 있는가? 혹시 지금의 남편이 첫사랑이 아니라면, 남편에게는 미안하지만, 예전 첫사랑을 떠올려보자. 가슴이 두근두근 뛴다면 그것은 설렘이다.

설렘은 언제 찾아올까? 저마다 다르겠지만, '진심으로 좋아하는 사람에게 줄 선물을 준비할 때'라는 답에는 누구나 공감하지 않을까 싶다. 좋아하는 사람의 선물을 고를 때는 대부분 설레는 마음으로 고민한다. '그 사람이 이걸 맘에 들어 할까? 저걸 좋아할까?' 하며 좋아하는 사람의 반응을 상상한다.

당신은 결혼하고부터 설렘을 잊고 살았는가? 분명히 고개를 끄덕이는 사람이 있을 것이다. 그렇다면 다시 설렘을 시작해보자. 남편이어도 좋고, 자녀, 친구, 이웃, 주변지인, 멘토 등 다른 사람도 괜찮다.(바람의 상대라는 것은 결코 아니다. 오해말기를) 정말 주고 싶은 사람에게 마음에서 우러나오는 만큼, 줘보자. '내' 기쁨이 차오르는 만큼 줘보자. 엄청난 선물일 필요는 없다.

예를 들면, 그 사람을 위해 마음이 담긴 식사를 준비해보자.

그 사람에게 전하고 싶은 메시지가 담긴 책 선물도 좋다.

그 사람을 위해 마음의 편지를 건네는 것도 추천한다.

《곰돌이 푸, 서두르지 않아도 괜찮아》에 이런 내용이 나온다.

선행을 베푸는 사람을 보면, 왜 그런 행동을 하는지 살펴보세요. 그 이유를 알았다면 그 사람이 기꺼이 베풂을 즐기고 있는지 살펴보세요. 그러면 그 사람의 진짜 모습이 보일 겁니다. 남에게 보여주기 위해 억지로 하는 게 아니라 자연스럽게 베풀고 싶은 마음을 가져보는 건 어떨까요. 좀 더 행복해질 거예요.

선행을 실천했을 때의 마음을 떠올려보자. 누군가 강요해서가 아니라 온전히 내 마음에서 우러나왔던 베풂을 되새겨보자. 분명 설렘이 있었을 것이다. 그 사람을 위해 기꺼이 준다는 마음이 설렘을 불러온 것이다.

지금 그 설렘을 다시 일깨워보자. '내' 안에서 활동을 멈추고 있던 설렘 세포를 활성화시켜보자.

Q-1 지금 바로 생각나는 한 사람은 누구인가?

그 사람을 위해 내 마음을 담아 표현해보자. 꽃 한 송이, 편지, 음식, 메시지, 안부인사 등 뭐든 좋다. 다만 억지로가 아닌, 진심으로 마음이 가는 사람을 선정하자.

깨달음을 적으면 일어나는 일

"인생은 학교다"라는 말을 많이 들어봤을 것이다. 끝나지 않을 것 같은, 순탄치만은 않은 배움, 그 배움터인 학교, 바로 우리의 인생이다.

이 배움이 고통으로만 끝나지 않게 하기 위해서는 언제나 깨어 있어야 한다. 어떤 배움을 주려고 이 상황이 나에게 왔는지를 제대로 파악해야 한다. 그러려면 제일 먼저 준비할 사항이 있다. 바로 '열린 가슴'이다.

열린 가슴은 어떻게 가질 수 있을까? 그동안 편협적이었던 '생각 카테고리'의 평수를 넓혀야 한다. 이런 생각, 저런 생각 모두를 '틀림'이 아닌 '다름'으로 받아들여야 한다. 가슴이 열리는 데 과정이 필요하다. 단번에 생각 카테고리의 평수를 넓히기는 어렵다. 그 과정은 크게 어렵지 않다. 일단 여러 사람의 생각을 가감 없이 들어보는 것이다. 더 편하고 쉬운 수단은 바로 책이다. 책은 수많은 작가들이 인고의 과정을 거쳐 밖으로 잉태한 하나의 창조물이다. 그 안에 담겨 있는 작가의 사상, 가치, 철학, 메시지를 만날 수 있다. 다시 말해 다양한 '생각'을 접할 수 있다. 책은 우리에게 가장 많은 깨달음을 단시간에 전해주는 매개체가 된다.

요즘은 종이책 외에 전자책도 많이 발달했다. 덕분에 더 많은 책을 쉽게 접할 수 있다. 또한 필요한 것만 쏙쏙 발췌해서 읽을 수 있도록 SNS상에서 많은 글그램들이 공유되고 있다. 그러므로 게으름만 부리지 않는다면 '다양한 생각'과 만날 수 있다. 인생이라는 그 드넓은 세상이 '나'에게 전하는 메시지를 귀담아 듣고, 그 안에서 '나'의 생각체계의 줄기가 되어줄 굳은 심지를 내가 선택하면 된다. 그 선택으로 얻은 깨달음은 순간적인 깨달음으로 그치지 않는다. 큰 감동으로, 내면의 기쁨으로 다가온다.

내면의 기쁨을 맛보면 이런 말들이 스스럼없이 나올 것이다.

"내가 몰랐던 세상이 있었단 말이야?"

"진작 알걸, 후회돼. 그래도 이제라도 알게 되어 다행이야."

"아! 그래서 그랬구나? 그렇다면 이렇게만 있으면 안 될 일이지."

"때론 이렇게 쉬어가도 되는구나. 너무 달리기만 하면 힘들어. 나만의 속도도 중요해."

자신에게 맞는 깨달음은 담당 의사의 명확한 처방전과도 같다. 그 깨달음을 자주 느껴보며 '나'만의 처방약도 잘 소화시켜 보자.

내 방 한구석에는 네모난 하드보드지가 있다. 거기에는 포스트잇 여러 개가 좌르륵 붙어 있다. 책을 읽을 때 마음에 맞닿는 문장이 있을 때마다 적어놓았다. 힘들 때 나를 다시 일으켜줄 문장들, 남이 미워 용서하고 싶지 않을 때 용서의 진정한 의미를 다시 일깨워줄 메시지들, 아이 키우는 것이 내 맘 같지 않을 때 어떻게 해야 할지 일러주는 전문가들의 조언들, 세상이 나를 힘들게 한다는 생각이 들 때 다시 마음을 리셋할 수 있도록 도움을 주는 문장들이다.

나는 이 메모들에 '필사보드'라 이름 붙였다. 깨달음을 주는 '깨달음보드'라고도 불렀다.

당시 필사보드에 적어놓았던 것을 남겨본다.

- 후회의 감정이 들 때,

길을 잃는다는 것은 곧 길을 알게 된다는 것이다.

- 동아프리카 속담

길을 잘못 들어선 것 같은 후회의 감정이 밀려올 때가 있는가? 이는 곧 내가 더 잘 할 수 있다는, 새로운 길을 안내해주는 신호일 것이다. 그렇기에 후회의 늪에서 허우적 대지 말고 새로운 길의 방향을 만나게 된 것에 감사하며 나아가보자.

- 내 삶에 함께하는 사람들을 떠올릴 때,

인간의 마음은 에너지의 보고다.

두 개 이상의 마음이 조화의 정신으로 서로 협력할 때, 이 협력자는 제3의 마음이 된다.

그 마음에서 눈에 보이지 않는 위대한 에너지가 방출된다.

-《놓치고 싶지 않은 나의 꿈 나의 인생 1》

'내가 좋은 에너지를 발산하고 그런 상태에서 만난 사람들과의 연합에서 조화를 이루면, 더 큰 에너지를 뿜게 되는구나.' 그래서 가족과도, 지인들과도 어떤 마음으로 함께해야 할지 늘 내 마음을 점검하게 된다.

- 안 해본 것을 시작할 때 망설여질 때,

뛰어나고 훌륭하게 시작할 필요는 없다.

그러나 훌륭하기 위해서는 시작해야 한다.

- 지그지글러

그래. 완벽하게 시작하는 사람은 없어.

일단 시작하고 과정에서 실력도 쌓아가면 되는 거야.

시작이 반이야.

- 화가 날 때,

분노를 끌어안고 있는 것은 누군가에게 던질 의도로 뜨거운 석탄을 손에 쥐고 있는 것과 같다. 화상을 입은 사람은 결국 당신이다.

- 고타마 붓다

화를 끌어안는 대신 건강하게 해소할 방법을 떠올려본다.

Q-1 당신도 당장 '필사보드'를 만들고 싶지 않은가?

준비물은 포스트잇과 검은 바탕 하드보드지만 있으면 된다.

당신이 자주 다니는 길목 또는 책상에 하드보드지를 놓아두자. 책을 읽다가 마음에 맞닿는 명언을 거침없이 쓰고, 붙여보자. 그 '한 줄의 명언'이 그 상황에 닥칠 때마다 당신을 일으켜줄 것이다.

뿌듯함이 주는 선물

뿌듯함은 한마디로 성취감이다. 어떠한 일을 잘 해냈을 때 느끼는 감정이라 표현할 수 있겠다.

나는 이 뿌듯한 감정을 내 시간을 쓰면서부터 매일매일 느끼게 되었다. 플래너에 하루 일과를 적어놓고, 계획한 목록을 잘 실천했을 때마다 펜으로 직직 긋는다. 체크된 목록을 눈으로 확인하며 뿌듯함을 느낀다.

더 나아가,

어제보다 한 걸음 더 나아간 나를 발견했을 때,

안 해본 것에 도전해서 내 경험의 크기가 확장됐을 때,

원하는 일이었지만 두려워서 외면했던 상황들을 마주하고, 기꺼이 나아갔을 때,

한 달 달력을 보며 내가 해온 다양한 일들을 잘 해낸 것을 확인했을 때,

달마다 해낸 1년 성장기록을 하나하나 적어보았을 때,

뿌듯함을 느낀다.

뿌듯함을 느낄 때 좋은 감정들도 한꺼번에 밀려온다. 설렘, 기쁨, 재미, 열정, 흥분 이 모든 것들이 뿌듯함 속에 선물꾸러미로 들어 있다. 이 선물꾸러미가 풀어질 때 '나'로부터 시작하는 기쁨이 터져나온다.

Q-1 　당신이 뿌듯함을 느꼈던 때는 언제인가?

다양한 상황을 나열해보자. 적어보면 그 상황들을 계속해서 삶 속에 심어주고 싶을 것이다.

Q-2 　화가 날 때 나만의 건강한 표출법이 있을까?

나는 화가 나도 꾹꾹 눌러 담는 성격이었다. 육두문자를 쓸 엄두도 못 낼 만큼 소심했다. 그런데 어느 날, 나이가 많다는 이유로 무조건 권위를 갖고 아랫사람을 깔보는 경향이 있는 사람과 함께하는 자리가 있었다. 계속 공격적으로 말하는 그 사람의 언어가 '언어폭력'이라는 생각이 들었다. 더 이상은 안 되겠다 싶었다. 예전 같으면 이화라는 감정도 눈치 채지 못한 채 꾹 참으며 뒤에서 눈물만 흘렸을 것이다.

하지만 그 시절 나는 달라져 있었다. 많은 사람들이 같이 있었기에 잠시 조용히 밖으로 나가 걸었다. 혼자 있는 공간, 안전하다는 생각이 들자 갑자기 육두문자가 속사포 랩으로 쏟아져나오기 시작했다.

"야, 이 ○○야! 블라블라 블라블라……."

모든 것을 다 쏟아냈다. 개운한 기분이 들면서 카타르시스를 느꼈다. 동네 한 바퀴를 돌고 돌아 원래의 평온한 나로 돌아왔다.

그다음 찬찬히 이성적으로 생각해보았다. 이 문제에 대해서 그 사람에게 내 의견을 잘 전달해야겠다고 마음먹고 다시 그 자리로 찾아갔다. 그 사람을 따로 불러 마주앉은 뒤 내 입장을 전했다. 대화 말미, 그 사람의 입에서 이런 말이 나왔다.

"사실은 나도 그렇게 이야기해놓고 미안해하던 참이었다."

이 에피소드를 통해 배운 게 있다. 화가 날 때 감정적으로 대응하면 결국 내가 원하는 것을 얻지 못하고 감정만 서로 상한 채 끝이 난다는 것을. 물론 화라는 감정 자체에는 잘못이 없다. 자신에게 불편한 상황, 거부감이 느껴지는 것을 인식하도록 도와주는 하나의 신호일 따름이다. 이 신호를 잡아 잘 다스리고 지혜롭게 표출하면 되는 것이다. 그러면 상황을 자신에게 유리하게, 자신의 뜻한 바대로 돌릴 수 있다.

화가 나도 건강하게 풀고, 내 의견을 감정 흔들림 없이 이야기할 수 있는 상태. 이것이 가능해지기까지 나도 오랜 시간을 걸어왔다. 그 걷기의 출발점은 내 안의 감정을 똑바로 마주하고 이해하고 인정하는 순간이었다. 즉 마음을 읽기 시작했을 때부터였다.

자신의 마음을 읽으려면 공부가 필요하고 반복이 필요하다. 우리가 몸의 근육을 쌓기 위해 몸을 공부하고 운동을 반복하는 것과 같은 이치다. 마음근육을 키우기 위해 늘 자신의 마음을 들여다보고 읽고 공부하기를 꾸준히 해나가야 한다.

chapter 3

엄마는
'나'로
성장했다

새벽을 깨우며 성장하기

나는 원래 철저한 올빼미족이었다. 아이들이 모두 잠들면 내 시간을 보내곤 했다. 나의 루틴은 아이들이 잠들면 컴퓨터방으로 들어가 인터넷 창을 여는 것이다. 그런 다음 연예기사를 주르륵 읽어나가며 누가 이렇다더라 누가 저렇다더라 하는 남의 이야기만 계속 주워담는다. 밤늦게까지 그렇게 시간을 보내다 잠드는 것이다.

늦은 취침으로 아침에 일어나면 피곤에 절어 예민 그 자체로 아침을 맞이하곤 했다. 아이들이 어렸던 그 시절은 스마트폰이 널리 쓰이기 전이라 컴퓨터가 더 편하게 쓰였다. 그 시절 나는 컴퓨터와 혼연일체를 이루며 살았다.

시간이 지나면서 나 자신을 바라볼 수 있었다. 나는 외부 정보만 주워담은 채 그것에 좌지우지되는 삶을 살고 있었다. 머릿속에는 남의 이야기만 줄줄이 이어졌지 나의 이야기는 없었다. 그런 생활 속에서 나에게 남는 것은 없었다. '인터넷기사 조회수 올려주기' 아르바이트를 하고 하루를 마친 느낌이었으니 말이다.

그러다 '새벽 기상'에 대한 이야기를 들었다. 성공한 CEO들은 새벽 5시에 일어나 모든 중요한 일들을 다 마친다더라, 아침을 지배하는 습관이 인생을 주도적으로 사는 성공 밑거름이 된다더라, 잠재의식이 가장 활성화되는 시간이 바로 새벽 동트기 전이라더라…….

'미라클 모닝'에 대한 이야기였다. 사실 확 와닿지는 않았으나 새벽시간의 장점들을 접하니 우선 적용해보자 생각했다. 그렇다. 나는 선택했다. 새벽 5시에 기상하기로!

그 새벽 시간에 일어나서 할 일을 정했다. 우선, 평소 갈증이 있던 영어를 택했다. 아주 쉬운 영어 교재 한 권을 택해 그 새벽에 2시간 정도 계속해서 공부를 해나갔다. 내 공부 방법은 이랬다. 쉬운 문장을 계속해서 듣고 말하고 듣고 말하고……. 입에서 술술 나올 때까지, 그 문장들이 눈을 감고도 눈앞에서 춤출 때까지……. 정말 중학교 수준의 쉬운 문장들로 공부했다(초보 수준이었기에).

그렇게 공부를 하다 보니 2개월 후 입이 근질근질했다. 외국인과 말하고 싶은 욕구가 확 솟구쳤다고 표현해야 할까? 마침 스마트폰에 있는 화상영어회화 어플에 가입하면 무료 이용권을 준다고 하기에 가입했다. 식은땀이 줄줄 나왔다. 평소 외국인만 보면 괜히 죄지은 것처럼 눈 마주치면 눈 내리깔고 했던 지난날이었다.

갑자기 생각난다. 예전에 겪은 내 경험담이다. 버스에서 한 외국인이 영어로 다른 사람들한테 질문을 하기 시작했다. 왠지 나에게도 말을 걸 것 같은 그 느낌적인 느낌이 싸하게 들었다. 속으로 나는 되뇌었다.

'나한테 말 시키지 마. 나한테 말 시키지 마.'

얼마나 되뇌었는지, 휴! 그런데 불길한 예감은 왜 항상 적중하는 걸까? 어느 순간 그 외국인이 나에게 영어로 질문을 던졌다. 나는 그 자리에서 그대로 얼어버렸다. 영어울렁증이 심하긴 했지만 뭐가 그렇게 두려웠는지, 사실 나를 잡아먹는 것도 아닌데……. 정말이지 자괴감이 들기까지 했다.

하지만 공부의 힘인지 이제는 그때만큼 심한 두려움은 없었다. 공부하다 보니 말할 상대가 필요했고, 그 필요가 용기를 불러왔다. 무료 어플을 깔고, 새벽에 손가락으로 튜터와의 연결 버튼을 터치했다. 어찌나 떨리던지……. 그래도 해보겠다는 다짐으로 텍사스에 있는 튜터와의 대화를 신청했고, 마침내 나는 그 튜터와 연결되었다. 심장이 두 근 반 세 근 반, 어쨌든 외국인과 대화를 하고 있는 나!

100퍼센트 대화를 이해하진 못했어도 70퍼센트 정도는 알아들을 수 있었다. 어설프나마 내 의사를 전할 수도 있었다. 대화 시간은 15분 정도. 새벽에 그런 심장 쪼임과 설렘을 느끼며 외국인과 대화했다는 사실 그 자체에 흥분하여 전화를 끊고 혼자 쾌재를 불렀다. 20년 영어울렁증을 달고 살던 내가 처음으로 뭔가를 해낸 느낌이었다. 입이 조금 트였다는 것만으로도 혼자 자축!

"오, 주여! 감사합니다."

그렇게 영어공부가 안겨준 이 작은 성취감과 뿌듯함은 새벽 시간의 첫 번째 매력을 느끼게 해주었다. 누군가는 "그게 자축할 만한 일인가? 영어 잘하는 사람 이 세상에 널리고 널렸다"라고 할 수도 있겠지만, 나 자신을 기준으로 봤을 때는 축하하고도 남을 일이었다. 꽁

꽁 얼어 두 발 붙이고 서 있던 내가, 드디어 아기 걸음으로 한쪽 발을 뗀 격이라 할 수 있다. 아무튼 새벽 시간을 통해 한쪽 발을 뗀 기쁨을 느끼고 나니, **이제는 그다음 실천을 바라보게 되었다.**

새벽 시간의 매력을 맛본 후, 나는 기상 시간을 '새벽 4시 30분'으로 30분 앞당겼다. 5시부터 내 시간을 더 제대로 활용하기 위해서다. 나는 그 시간에 해야 할일들을 떠올렸고 우선순위 설정에 들어갔다.

우선순위 일순위는 감사일기였다. 나는 아침에 일어나자마자 감사일기로 하루의 마음 방향을 긍정으로 설정했다(마음 공부). 다음 순위는 독서, 책을 읽으며 하루에 필요한 긍정 메시지를 만났다(마음 공부). 마지막은 운동(몸 공부)이었다. 운동으로 몸의 건강도 함께 챙기며 아침 일과를 모두 마쳤다.

먼저, 감사일기에 대해 말해보고자 한다.

우리는 평소 입버릇처럼 누군가에게 무엇을 받으면 "감사합니다", 식당에서 음식을 받아도 "감사합니다"라고 한다. 나 역시 그랬다. 그런데 입버릇처럼 해왔던 이 감사인사가 마음에서 우러나오는 진심 어린 감사는 아니었다는 걸 알았다. 감사하며 살았지만, 감사하지 못하고 살았다. 나는 늘 불평불만에 원망, 그리고 주어진 것을 헤아려볼 줄 모르는 사람이었다. 나와 같은 사람이 지금 있다면, 론다 번과 오프라 윈프리의 메시지를 주목할 필요가 있다.

감사는 마음으로 느끼는 것이다.

가슴 깊이 느낄수록 감사하는 마음이 깊어져서 삶은 더욱 빨리 바뀔 것이다.

-《매직》, 론다 번

감사해야 할 순간을 만날 때마다 메모를 한다.

내가 확실히 아는 것이 있다면, 만약 당신이 당신 앞에 나타나는 모든 것을 감사히 여긴다면 당신의 세계가 완전히 변할 거라는 점이다. 가지지 못한 것 대신 내가 이미 가지고 있는 것들에 초점을 맞춘다면 당신은 자신을 위해 더 좋은 에너지를 내뿜고 만들어낼 수 있다.

확신하건대, 매일 짧게나마 짬을 내어 감사한다면, 크게 감탄할 만한 결과를 맛보게 될 것이다.

-《내가 확실히 아는 것들》, 오프라 윈프리

감사일기 쓰기는 어렵지 않다. 예전 내가 썼던 감사일기를 발췌해 옮겨본다.

1. 새로운 하루, '오늘'을 선물해주셔서 감사합니다. 주어진 오늘의 기회를 잘 사용하겠습니다.
2. 먹고 마실 음식이 있어 감사합니다. 매일매일 먹을 것이 준비되어 있어 배고플 때 바로 먹을 수 있고 하루 동안 필요한 에너지를 채웁니다.

3. 숨을 쉴 수 있어 감사합니다. 이 호흡으로 신선한 공기를 들이마시고 내쉬며 내가 살아 있음을 느낍니다.

4. 책상과 의자가 있어 감사합니다. 그 자리에 앉아 책도 읽고 나의 업무도 편하게 해나갈 수 있기 때문입니다.

5. 내가 읽고 있는 책들에게 감사합니다. 나의 콘텐츠를 고민하는 이 시간 나에게 답을 주는 멋진 책들을 만나기 때문입니다.

6. 건강이라는 선물을 주셔서 감사합니다. 건강한 나의 몸과 마음은 하루하루를 활기차고 밝게 보내게 해줍니다.

7. 나는 우리 남편과 아이들에게 감사합니다. 오늘도 각자의 하루를 행복하게 보내고, 그 행복을 공유합니다.

8. 따뜻한 물이 콸콸 나와 감사합니다. 샤워할 때든, 설거지할 때든 원하는 온도로 사용할 수 있습니다.

9. 나는 마음근육이 더욱 탄탄해짐에 감사합니다. 만나는 사람들을 통해, 책을 통해, 경험을 통해 삶을 배웁니다. 마음가짐을 배웁니다. 그것이 나의 성장과 발전에 도움을 주고 있습니다.

10. 오늘도 플래너에 적어놓은 계획들이 잘 이루어짐에 감사합니다. 시간의 소중함을 느끼며 적극 실천하는 하루가 됩니다. 파이팅!

감사한 것들이 거창한 것이 아니다. 그저 일상에서 느낄 수 있는 소소한 것들이다. 하지만 그것에 감사한 이유를 붙여 감사하는 순간 더 이상 평범하지 않은 것들이 된다. 특별한 선물로 다가온다. 일상을 하나하나 헤아리다 보면 '나'에게 주어진 소중한 것들이 있다는 생각에 마음속이 따뜻함으로 꽉 차오를 것이다.

때로는 버퍼링이 나서 감사한 것이 생각나지 않을 때도 있다. 그럴수록 더 감사를 찾아야 할, 감사의 타이밍이다. 감사에 초점을 맞추기 위해 방향 설정을 제대로 하라는 하나의 신호이다. 신기하게도 다시 초점을 맞추면서 주변을 돌아보면 감사할 목록을 찾게 된다.

코로나 팬데믹 현상으로 우리 사회에 점점 불안과 두려움의 상황이 지속되고 있다. 그러면서 그동안 당연시 여겼던 평범한 일상이 얼마나 당연한 게 아니었는지 깨닫는 시간이 되기도 했다. 먹고 싶은 음식을 어디든 가서 먹을 수 있었던 것, 보고 싶은 사람을 만나러 대중교통을 이용해 언제든 만나러 갈 수 있었던 것, 가고 싶은 곳 어디든 여행할 수 있었던 것, 마스크 없이 숨 쉴 수 있었던 것이 얼마나 감사한 일이었는지…….

나 개인적으로도 다양한 감사를 떠올리는 시간이었다. 감사할 것이 없다는 사람도 원래 일상에 존재하던 것이 없어지면 감사의 말이 절로 나오듯이, 지금 내게 주어진 일상의 모든 것이 축복 요소, 감사 요소다.

'감사'에 더 깊이 들어가보자.

내 인생에서 가장 잘한 것 중 하나를 꼽으라면 감사를 의식적으로 행한 것이라고 말하고 싶다.

2년 전, 나는 감사의 중요성을 다양한 책과 강의를 통해 접했다. 감사하는 마음과 그 감사를 적는 행위는 하루의 마음 방향을 긍정적으로 설정하도록 도와주고 능동적으로 감사할 것을 찾을 수 있도록 도와준다는 것이다. 배운 대로 처음에는 3~5가지 감사목록을 쓰기 시작했고, 그 이후 감사의 힘을 알려주는 책을 꾸준히 읽으며 매일매일 10개의 감사목록을 적기 시작했다. 감사할 것을 찾고 적어가면서 나에게 더 많은 감사의 일들이 찾아왔다. 이것은 늘 감사에 초점을 맞추고서 일어난 일들이다.

더 나아가 블로그에 '365일 감사일기' 게시판을 만들어서 매일 아침 일어나자마자 하루를 감사할 것으로 시작하기에 이르렀다. 어제 있었던 일 중 감사했던 것 3가지, 나의 존재에 대한 감사 2가지, 가족과 타인에 대한 감사 2~3가지, 오늘 하루 또는 미래에 이루고자 하는 바를 잘 이루어갈 것임에 미리 감사하는 감사 2~3가지 이렇게 10가지 목록을 매일매일 써나갔다.

그러자 더 신기한 일이 일어났다. 눈으로만 매일 나의 감사일기를 들여다본 블로그 이웃분들이 내 감사일기를 통해 생각지 못한 것에도 감사할 수 있다는 것에 감동받아 함께 감사일기를 쓰기 시작한 것이다. 어느 날 어떤 분은 비밀댓글로 이러한 이야기도 나눠주셨다.

"매일 아침 출근할 때마다 365일 감사일기를 읽는데, 하루를 시작하는 기분이 너무 좋아져서 출근길이 설레고 감사할 것들을 더 찾게 됩니다."

나는 감사일기를 습관화하고자 공개적으로 시작한 것인데, 내가 인지하지 못한 상태에서 타인에게 영향을 미치고 있었다니, 너무나 놀라웠다.

급기야 나는 사람들을 모집하여 함께하기 시작했다. 함께하시던 분들도 감사의 힘을 언급했다. 가족과 사이가 좋아졌고, 자신에 대한 믿음도 생겨났으며, 하루 동안 감사할 것을 찾다보니 모든 것이 감사 요소였다는 깨달음을 적어주셨다.

그렇다. '내' 눈에 감사 안경을 씌우면 모든 것이 감사 요소로 확대경처럼 들어온다. 눈 뜨자마자 보이는 '나' 자신, 오늘 하루도 얼마나 큰 축복인가? 오늘, 내일이 간절한 사람에게는 실로 간절한 하루일 테니 말이다.

어느 날 나는 고개를 돌려 옆에서 자고 있는 가족들을 보았다. 쌔근쌔근 곤히 잠자고 있는 아이들과 남편이 건강하게, 평온하게 잠자고 있다는 것 또한 얼마나 큰 감사인지 가슴이 벅찼다. 불면증에 시달렸던 나의 지난날을 생각하면 잠을 잘 수 있다는 것도 정말 큰 축복이었다. 당신도 잠든 가족의 얼굴을 지그시 내려다보기 바란다. 감사가 꿈처럼 피어오를 것이다.

일어나 냉장고 문을 열었을 때 계란과 김치밖에 없더라도 당장 김치볶음밥에 계란프라이를 위에 올려 든든한 한 끼를 마련한다. 먹을 것이 있어 내 배를 채우고, 그 에너지로 힘을 내서 일을 할 수 있다는 것도 얼마나 감사한 일인가!

화장실이 집에 있는 것도 감사한 일이다. 꽉 막힌 도로에서 급한 볼일을 참아본 사람은 알 것이다. 화장실 가고 싶을 때 참아야 하는 그 고통의 크기를. 정말 눈앞이 노래진다. 화장실 가면 소원이 없겠다 싶은 생각이 절로 든다. 그런데 집에서는 언제든지 가고 싶을 때

갈 수 있다. 축복이 아닐 수 없다.

　요리할 수 있도록 놓여 있는 가스레인지! 이사를 자주 다닌 나는 이사 당일 가스 설치해주는 분이 출장을 못 오면 불로 데워먹을 수 있는 요리를 할 수 없었다. 그때 얼마나 아쉬웠는지! 그리고 가스레인지가 설치되는 날엔 얼마나 기분이 업(up)되었는지! 먹고 싶은 음식을 조리할 수 있는 가스레인지는 정말 감사한 조리 기구이다.

　우리의 일상에는 이와 같이 감사 요소가 많다. 당연하다고 생각하던 것들을 감사 요소라고 생각하는 순간 풍요가 시작된다. '내'가 갖고 있는 것들이 이렇게 많았다는 사실을 깨닫게 된다. 그 깨달음은 감사를 실천하게 만든다. 집에서뿐만 아니라 집 밖, 사회에서도 감사를 행하는 사람으로 변화시킨다.

　손으로 적을 것이 없다면, 마음속으로라도 감사를 깊이 느껴보면 어떨까? 길을 걷다가 쓰레기를 치우는 환경미화원분들을 보면 속으로 '감사합니다. 우리가 다니는 길목을 깨끗하게 정리해주셔서', 운전하다가는 '감사합니다. 도로 위 모든 운전자가 안전거리를 유지하며 안전운전 하고 있어서'라고 하는 것이다. 새로운 일을 시도하며 불안감이 밀려올 때 마음속으로 감사를 말하면 힘을 얻을 수 있다. 실제로 '감사합니다. 시도해보지 못한 것을 시도함으로써 한층 더 성장하고 성숙할 수 있어서'라고 한번 해보자. 한결 의욕이 솟을 것이다. 이 외에도 어떤 상황에서든 마음속 감사를 말할 수 있다. 물건을 사고 돈을 낼 때 '필요한 물건을 살 수 있는 돈이 있음에 감사합니다', '계산해주시는 계산원분들의 노고에 감사합니다'라고 해보자. 마음

속에 감사가 돈처럼 채워질 것이다.

감사인사를 직접 말로 표현할 수 있는 상황이라면 말로 직접 표현하면 된다. 그 효과는 몸소 체험하면 알게 될 것이다. 중요한 것은 감사를 느끼는 마음은 '나'에게 플러스 에너지를 준다는 사실이다. 그 에너지는 삶을 즐겁고 풍요롭게 해준다. 행복지수를 쑥쑥 올라가게 만들어준다. 그리고 베푼 감사는 다시 자신에게 돌아오게 될 것이다. 이것 역시 체험할 수 있으리라 확신한다.

기분이 몹시 안 좋았던 날로 기억한다. 감사일기 쓰기를 시작한 지 얼마 지나지 않았을 때였다. 감정을 컨트롤하기 위해 뭐라도 하자 싶어 생각난 것이 감사일기였고, 그 자리에서 바로 스프링노트를 펼쳐 미친 듯이 100개의 감사목록을 적어 내려가기 시작했다. 신기한 것은 이 100개를 적어가는 동안 기분이 회복되었다는 것이다. 그야말로 감사일기의 힘을 실감할 수 있었던 경험이었다. 짧은 시간 안에 다시 원래의 평온한 나로 돌릴 수 있는 감사일기의 힘은 진실이었다.

기분이 안 좋을 때조차 감사할 것을 떠올리는 것은 사실 쉽지 않다. 어불성설로 들릴 수도 있다. 그래도 한번 실천해보자. 가령 동네 이웃에게서, 직장동료에게서, 지인에게서 예상치 못하게 기분 나쁜 말을 들었다고 가정해보자. 이런 상황에서 '나는 말로 타인에게 상처 주지 말아야지' 하고 생각하며 이런 다짐을 가질 수 있는 기회를 준 세상에 대해 감사할 수 있다. 반면교사로 삼아 긍정적인 방향으로 나아갈 수 있는 것이다. 쉽지 않지만 해보자. 분명 '나에게 이로운 감사'가 나올 것이다.

이제는 나이듦마저 감사하게 된다. 나이를 먹어가면서 보다 새로운 나를 만날 수 있다. 인생의 역경과 고난을 이겨낸 하나의 성숙한 인격체와의 만남이다. 나이가 들수록 그동안 해보지 않았던 새로운 것에 도전하고 성장하는 삶을 산다. 덕분에 마음은 더 젊어지고 있다. 내년에는 어떤 나를 만나게 될까 한 해 한 해 설레기도 한다. 그래서 감사하다.

요즘에는 흐린 날씨에도 그 나름의 정취를 느낄 수 있는 마음의 공간이 생겼다. 예전에는 비만 오면 나가기 싫었다. 옷에 물이 튀는 것이 싫었고, 운전하면 겁부터 났다. 하지만 나이 든 지금은 다르다. 날씨마다 주는 정취가 나를 감상적으로 만들고 낭만적으로 만든다. 해가 쨍쨍하면 해가 쨍쨍한 대로, 구름이 끼면 구름 낀 대로, 비가 오면 비가 오는 대로 아름답다. 날씨의 다양함이 진심으로 감사하다.

인생도 날씨와 다르지 않다. 희로애락을 다양하게 거치며 사는 우리다. 봄 여름 가을 겨울 지나 다시 봄이 오듯이, 기쁘고 화나고 슬프고 즐겁다가 다시 기쁨이 오는 인생을 살아가고 있다. 그것은 분명 감사할 일이다.

TIP 감사일기 쓰는 법

1) 감사일기 어떻게 시작하면 될까?

감사일기를 처음 시작할 때는 무엇을 써야 할지 막막할 수 있다. 감사한 것이 도무지 떠오르지 않는다면, 지금 앉아 있는 자리에서 단 3가지만 찾아내보자. 나의 경우, 이 글을 쓰고 있는 테이블, 의자, 노트북 이 세 가지로도 감사가 절로 나온다. 그 감사들은 다음과 같다.

(1) 감사일기를 쓸 수 있도록 내 몸, 내 높이에 맞는 테이블이 있어 감사합니다.

(2) 내 등과 엉덩이를 잘 받쳐주는 의자 덕분에 앉아서 편하게 일할 수 있어 감사합니다.

(3) 감사일기 쓰기, 계획표 작성, 서평 쓰기, 사람들과 톡으로 소통하기 등 여러 가지를 할 수 있는 노트북이 있어 감사합니다.

나의 경우가 도움이 되길 바란다. 그리고 나는 '감사 목록, 감사한 이유'를 세트로 묶어 한 문장으로 작성했다. 처음 시작할 때 이 방법을 선택하면 감사일기 쓰기가 한결 수월하다.

2) 감사일기 쓰기가 지루해지면?

감사일기를 쓰다가 시들해질 때가 올 수도 있다. 그때는 **'일기장'을 바꾸기**를 추천한다. 나 역시 365일 감사일기를 블로그에 쓰다가 익숙한 반복패턴에 조금 지루함을 느끼게 되었다. 새로운 방법을 찾다가 노트에 써보기로 했다. '일기장'을 디지털에서 아날로그로 바꾼 것이다. 결론적으로 이 방법이 잘 먹혔다.

두 번째 방법은 '감사 릴레이'다. 생각나는 대로 아무 때나 개수 제한 없이 써보는 것이다. 나의 경우 아침 일과를 시작하면서 감사노트에 감사 목록 5개를 쓰고 책상 위에 그대로 펼쳐두었다. 그리고 다른 일을 하다가 문득 감사가 떠오르면 6번 번호를 매기고 감사한 것을 적었다. 그렇게 릴레이 형식으로 적어내려갔다. 이 방법을 적용하니 릴레이를 이어가기 위해 하루하루 감사에 초점을 맞추게 되었다. 그다음 감사할 것은 무엇이 있을까를 생각하며 지내게 된 것이다. 늘 감사를 생각하니 눈에 닿는 것, 귀에 닿는 것마다 감사함으로 다가왔다. 창밖으로 들리는 새들의 지저귐, 창틈으로 들어오는 바람의 시원함, 코 속에 닿는 풀의 향기, 구름 사이로 쏟아지는 빛줄기, 건강하게 걸을 수 있는 두 다리의 멋진 발걸음 등등 모든 것이 다 감사 요소였다.

하루 동안 릴레이 형식으로 감사를 이어가면, 잠자리에 들기 전 감사노트를 확인하며 흠칫 놀라기도 한다. 나 역시 '이만큼이나 된단 말인가?' 하며 종종 놀라곤 했다. 놀라움이 클수록 하루를 잘 보냈다는 뿌듯함도 컸다.

두 번째 우선순위였던 책에 대해 이야기할 차례다.

어릴 적 책 한 권 읽기가 어려웠던 나였다. 새벽 시간을 통해 다양한 책들을 두루 만나면서 나는 그 안에서 공통점을 발견했다. 책에 나오는 성공한 사람들은 누구나 인생이 순탄치 않았다는 것. 어려움과 고통 있는 삶이었지만 진정한 자신의 삶을 위해 부단히 노력하고 또 이겨낸 사람들이라는 것.

그래서 희망적이었다. 무(無)에서 시작한 나에게는 정말 희망적이었다. 희망을 품은 나는 새벽 시간에 전투적으로 책을 읽어나갔다. 정말 열심히 읽었다. 책들이 주는 메시지가 나에게 꼭 필요한 메시지라는 생각으로 몰입해서 읽어나갔다. 그런 마음으로 아침에 책을 대하니 새벽에 맑은 정신으로 깨어 있을 수 있었다. 그 새벽, 정신이 번쩍 든 나와 만날 수 있었다.

새벽 시간 독서에 도전한다면 어떤 책이 좋을까? 일어나자마자 만나는 이 새벽은 정신이 깨끗한 흰 도화지 상태다. 그려넣기만 하면 무엇이든 자유자재로 그려지고, 각인되는 시간이다. 그래서 나는 독자를 마이너스로 이끄는 혼란스러운 책이 아닌, 플러스로 이끄는 긍정적인 책을 읽는 것이 좋다고 생각한다. 필사를 하면 더 좋다. 책의 메시지를 '나만의 것'으로 소화하는 데 필사가 큰 도움이 되기 때문이다.

책을 읽을 때는 열린 마음이 필요하다. 열린 마음은 배움의 자세이기도 하다. 책을 읽다 보면 마음에 들지 않는 내용, 익히 들어왔던 내용, 나와 생각이 다른 작가의 주장 등을 만나게 된다. 이때 나는 '내가 선택한 책'은 단 한 가지라도 배울 짐이 있다는 사실을 유념하고 독서를 한다. 누가 주었든, 서평을 위해 의무적으로 읽어야 하든, 내가 샀든 말이다. 어떤 사람이든 한 가지는 배울 점이 있듯이 책도 마찬가지다. 닫힌 마음으로 하는 독서는 '시간 죽이기' 또는 '시간 낭비'일 뿐이다. 책은 순수한 호기심을 가진 학생의 자세로 대할 필요가 있다. 그래야만 한 가지라도 더 배울 수 있다. 열린 마음으로 책을 읽으면 신기하게도 정말 배울 점을 발견할 수 있다. 가령 똑같은 내용이 반복될 때 이렇게 생각해보면 어떨까?

'내가 익히 들어왔던 내용이 반복되는 걸 보면 이게 참 중요한 것인가 보구나.'

이것이 열린 마음으로 하는 독서이다.

많이 안다고 생각할 때 성장은 멈출 수 있다. 아직 채워야 할 그릇이 많고 빈 공간이 있음을 자각할 때 더 채워나갈 수 있다. 겸손한 자세가 배움을, 성장을 불러온다.

1) 밑줄 → 메모 → 큰따옴표 → 별표 → 노랑 → 페이지 접기

나의 독서법이다. 이런 독서법을 선택한 계기를 이야기하고자 한다. 매일매일 독서를 하다가 어느 날 문득 의문이 생겼다.
'책 권수 늘리기에만 연연해하고 있는 건 아닐까? 책을 덮고 뒤돌아서면 남는 게 없는 것 같아.'
그때부터 펜을 들어 인상적인 부분에 밑줄을 쳤다. 그리고 그 옆 빈 공간에다 '작가의 생각은 이렇단 말이지? 내 생각은……' 하면서 내 생각을 메모했다. 중요하다고 느낀 것은 큰따옴표를 매기고, 정말 중요한 것은 별표를 했다. 나중에 책을 다시 집어들 때 또 읽고 싶은 생각이 들 만한 부분은 노란 색연필로 체크했다. 페이지가 통으로 중요하다고 생각이 들면 페이지를 접었다.
이와 같은 방식으로 독서를 하면 많은 것이 기억에 남는다. 내가 체크한 내용을 중심으로 책을 기억하게 돼 온전히 '나만의 독서'가 된다. 나는 나의 이런 독서스타일을 '책먹시'라 표현한다. '책을 먹는 시간'의 줄임말이다. '먹는다'는 것은 꼭꼭 씹어서 삼키고 '내 것'으로 소화시키는 행위이다. 즉, '책먹시'는 책을 먹고 내 것으로 소화시켜 나만의 답으로 출력하는 시간인 것이다.

물론 책을 깨끗하게 보는 것을 좋아하는 사람도 있다. 그런 사람은 그 스타일을 유지하면 된다. 또한 도서관에서 빌려보는 책도 있을 것이다. 이럴 때는 도서관의 책에 체크할 수 없기에 따로 독서노트를 준비하면 된다. 마음에 와닿는 문장을 노트에 적어놓고, 그 문장의 주체자를 '나'로 바꾸어서 메모를 한다. 예를 들어, '그렇다면 나는 어떻게 할 것인가?' 질문한 다음 '나는 ~할 것이다' 이렇게 써내려가면 된다.

다독보다 중요한 것은 정독이다. 정독보다 더 효과적인 독서는 '메모하는 독서'이다. 이 순간 다산 정약용의 '다상량'을 되새겨보자. 조선의 대학자가 '많이 읽어라, 많이 쓰라, 많이 생각하라' 강조한 데에는 다 이유가 있다. '많이 쓰기'를 위해 독서노트를 열심히 쓰기 바란다. 독서노트를 쓰면 생각도 많이 할 수 있게 된다.

나에게 새벽 시간 우선순위 삼순위는 운동이다.

학창시절, 나는 100미터 달리기가 거의 하등급 수준이었다. 두 명이 동시에 출발하면 옆 친구보다 앞섰던 적이 거의 없다. 그랬던 내가 요즘은 아침 러닝을 즐기고 있다. 처음에는 "힘들어"라는 말이 절로 나왔다. 저질체력이었기에 그 체력을 이끌고 밖에 나가 뛴다는 건 나로서도 놀라운 일이었다.

마라톤까지 출전하게 되었으니 정말 놀라운 일이 아닐 수 없다.

마라톤을 완수했을 때 나는 느꼈다.

'단순히 기록을 내기 위한 뛰기가 아니구나…… 러닝은 나를 만나는 과정이구나……. 온전히 믿을 몸은 내 몸 하나밖에 없어. 누구에게 의지할 수 있는 것도 아니야.' 아침 운동은 '나'를 만나고, '나'를 만드는 과정이라는 생각은 지금도 변함이 없다. 그래서 여전히 나는 아침마다 달린다. 달리는 나를 응원한다.

나는 아침 일출 시간을 확인하고, 해가 떠오를 무렵 옷을 챙겨 입고 나간다. 떠오르는 태양을 마주하는 기분을 아는가? 마치 태양의 스포트라이트라도 받는 것처럼 기분이 정말 최고다. 자연의 다양한 어우러짐을 구경할 수 있는 것도 러닝의 매력이다. 달리면서 몸 컨디션이 체크되기도 한다. 어느 날은 몸이 무거워서 좀 걷고 싶기도 하고, 어느 날은 가뿐해서 더 속력을 내고 싶기도 하다. 그러다 보면 전날 먹었던 음식들, 피로도, 수면상태 등을 체크해서 내 몸을 이해하게 된다. 나에게 더 좋은 습관을 선택해야겠다고 다짐하게 된다. 얼마나 좋은가? 처음엔 단순히 뛰어야겠다고 생각했지만, 단순히 뛰는 것 이상으로 주는 이점이 있다. 당신에게도 실천을 권한다. 실천하다 보면 저절로 깨닫게 될 것이다.

첫 마라톤 출전기에 대한 이야기를 나누고 싶다.

마라톤대회 일주일 전, 배번호가 집으로 도착했다. 배번호 3632번. 그것을 보자마자 직감했다. 36은 내가 살아온 인생, 3은 우리 삼남매, 2는 나와 남편. 그것을 내 배에 붙이고 안고 뛴다? 분명 막중한 임무가 주어진 거라 생각했다. 내 귓가에 마음속 이야기가 속삭이 듯 들렸다.

'너 여태껏 힘들었잖아. 네 인생 두렵다고 포기한 게 어디 한 둘이 니? 네가 살아온 인생 안고 완주해서 이번 기회에 두려워했던 모든 것들 다 이겨내 봐! 네 아이들, 네 남편까지 함께한다는 생각으로!'

그렇다. 완주하라는 의미였다. 완주해서 스스로를 이기고, 만나라 는 메시지였다.

마라톤 대회가 열린 그해 초엽, 남편은 나에게 마라톤 한번 뛰어 보지 않겠냐고 권했다. 그때 난 한 번에 딱 잘랐다.

"무슨 소리야? 내가 무슨 달리기니? 나 달리는 거 싫어하는 거 알 잖아!"

달리기라면 딱 질색이었다. 마라톤의 '마'자도 생각해 본 적 없던 나였다. 그러던 내가 왜 마라톤을 결심했을까? 그동안 나는 상황 탓, 환경 탓하며 한계를 긋고 살아왔었다. 그런 삶에 넌덜머리가 난 상 태였다. 한계를 넘는 도전이 필요한 시점이었다. 그 시점에 마라톤이 내게 찾아온 것이다.

어느 날 인터넷 검색을 하다가 문구 하나가 내 눈에 확대경처럼 들어왔다.

'춘천 호반 마라톤 대회 추가 모집'

정식 모집할 때는 보이지도 않던 추가 모집 공고가 왜 내 눈앞에 떡 하니 나타났을까? 내 마우스 커서가 저절로 '참가 신청'으로 움직이고 있었다. 바로 남편에게 전화했다.

"여보! 우리 마라톤 대회 출전하자!"

"오잉? 갑자기? 괜찮겠어?"

"응, 여보! 나 해볼래. 아니, 할 거야. 해낼 거야!"

그렇게 나는 춘천 호반 마라톤 대회 10km 종목에 출전 신청을 하게 되었다.

그리고 대회 5일 전 갑자기 초조함이 밀려왔다.

'아무 준비도 안 했는데, 괜찮을까?'

안 되겠다 싶어 그 다음 날 새벽 6시, 옷을 주섬주섬 입고 나갔다. 준비 운동을 간단히 한 후 무작정 달렸다.

'오늘부터 며칠간만이라도 연습하자.'

뒤늦게 정신이 든 그날 4.6km를 쉬지 않고 달렸다. 앞만 보고 계속, 옆에 뭐가 있든 말든 개의치 않고 눈을 부릅뜨고 달렸다. 첫 달리기! 집에 오니 뿌듯했다.

"와! 달리니까 재밌네!"

분명 재미는 있었다. 하지만 하루 종일 머리가 아팠다.

'오랜만에 달려서 그런가? 너무 콩콩 뛰었나?'

곧 나아질 거라 다독이며 겨우 하루를 보냈다.

다음 날 새벽 5시 반. 이번엔 자고 있는 남편을 깨웠다.

"여보! 같이 나가 뛰자!"

남편은 일어나자마자 잠도 덜 깬 상태에서 나와 함께 냅다 달렸다. 강을 끼고 돌며 강 주변 동상에게 손짓하며 또 그렇게 4.6km를 달렸다. 되돌아오는데 강바람이 너무 시원했다. 정말 기분 최고였다.

'이래서 마라톤 하나?'

어느새 두통은 사라지고 없었다. 떠오르는 태양이 나만 환히 비춰주는 것 같고, 강바람이 내 땀을 식혀주는 것 같았다.

그다음 날, 대회 이틀 전날도 어김없이 새벽 5시 반에 나갔다. 대회 코앞이라 무리하지 않고 가볍게 뛰었다. 그리고 집으로 돌아와서 하루를 보내는데, 갑자기 오른발이 아파왔다. 걷기가 너무 힘들어서 파스를 붙였다. 통증이 점점 심해지자 덜컥 겁이 났다.

'이틀 뒤에 대회인데 어쩌지? 나 잘할 수 있을까?'

불안한 마음을 바꾸기 위해 계속 나에게 말해주었다.

"괜찮아! 할 수 있어. 나를 믿고 해내자!"

대회 하루 전날까지 통증이 가라앉지 않아 계속 파스를 붙였다. 아픈 발을 보며 부탁했다.

"발아, 도와줘라. 나 이번에 정말 잘해내고 싶어. 잘해내고 싶은 거 처음이란 말이야. 이번 마라톤을 시작으로 내가 여태껏 두려워했던 모든 것들을 다 도전해서 이겨내고 싶어. 도와줘."

대회 전날이라 주저앉아 있을 수만은 없었다. 내일 달릴 코스를 확인하기 위해 송암 경기장으로 향했다. 경기장 앞에서 눈을 감고 피니쉬 라인으로 들어오는 내 모습을 상상했다. 나는 기필코 꼭 완주하겠노라며 두 주먹 불끈!

두둥! 대회 당일 아침이 밝았다. 여전히 발이 아팠지만 마음속으로 확언했다.

'나는 뛸 때 최상의 컨디션으로 달린다. 내 발아! 내 다리야! 최상의 컨디션을 보여줘.'

간절한 그 마음을 담아 스타트 라인에 섰다. 출발신호와 함께 출발! 나는 달리기 시작했다. 앞서 가던 사람이 출발한 지 얼마 되지 않았는데 벌써 힘들다고 한다. 동요되지 않으려고 마음속으로 그분과 나의 완주를 응원하며 내 길을 갔다. 하지만 얼마 가지 않아 갈증이 밀려왔다.

'아, 목말라.'

물을 마시고 출발하지 않은 게 후회되는 순간이었다. 같이 달리던 남편이 물을 건넸다. 급한 마음에 확 들이켜서 커덕, 사레가 들렸다. 갑자기 오른쪽 옆구리가 아파왔다. 아프다고 멈출 수 없으니 손으로 부여잡고 뛰었다. 그 모습을 본 남편이 그제야 그걸 그냥 마시면 어떡하냐고, 입안을 먼저 헹궈야 한다고 말한다. 아니 그걸 내가 마신 다음에 얘기하면 어쩌자는 것인가! 옆구리 부여잡고 뛰는 것 외엔 방법이 없었다. 달려야 했다.

반도 안 갔는데, 벌써 반환점을 돌아오는 사람들이 보였다.

'진짜 빠르네! 대단하다'

그들에게 감탄사를 보낸 뒤 또 뛰었다. 그런데 문득 이런 생각이 들었다.

'앗, 발이 안 아프네? 다리도 괜찮고. 앗싸, 내 발아 고마워! 최상의 컨디션을 보여줘서 정말 고마워!'

힘이 났다. 그 힘으로 계속 뛰어나갔다. 그렇지만 중간중간 걷고 싶은 생각이 드는 건 어쩔 수 없었다.

'아니야. 걸으면 다시 뛰고 싶어지지 않을 거야.'

걸을까 말까를 고민하다 이 악물고 그냥 뛰었다. 뛰다 보니 7km 지점이었다. 이제 3km만 더 가면 된다. 힘들지만 더 힘을 내기 위해 골인 지점을 상상했다. 기필코 해낸다는 각오를 다졌다.

어느새 1km 지점. 정말 얼마 안 남았다는 생각이 들면서 갑자기 머릿속이 번뜩였다.

"한 치 앞은 광명이다!"

"한 치 앞은 광명이다!"

"한 치 앞은 광명이다!"

생각지도 못한 문구가 입에서 터져나왔다.

두 손을 불끈 쥐고 갑자기 전력 질주하기 시작했다. 어디서 그런 힘이 나왔는지는 지금도 미스터리다. 나는 사람들을 뚫고 있는 힘껏 달렸다. 두 팔을 벌리고 그렇게 바람을 만끽하며 달렸다. 드디어 피니쉬 라인, 광명의 그곳으로 나는 들어왔다.

들어오자마자 먼저 도착해 있던 남편에게 물었다.

"나 정말 해낸 거야? 그런 거야?"

"해냈고말고."

"나 정말 해냈다! 완주했다! 성공했다!"

완주와 성공을 실감하는 순간 정말 감사했다. 남편이랑 서로 안아 주며 수고했다고, 완주해줘서 고맙다고 말해주었다. 그리고 통증 없이 최상의 컨디션으로 뛰어준 내 발에게 정말 너무너무 고마웠다.

남편하고 돌아오는 차 안에서 이야기를 나누었다.

"신청해서 참가하기까지 정말 될까 될까 했는데, 이렇게 이뤘네."

"그동안 고생 많았어. 당신은 정말 큰 것을 이룬 거야."

"정말 뿌듯하다."

그 말과 함께 눈물이 툭 터져버렸다. 나는 꺼이꺼이 울기 시작했다. 마라톤이 그냥 내 인생 같았다. 인생의 끝 지점을 아니까 절대 포기하고 싶지 않았다.

'조금만 더, 더 노력하자.'

나는 두 손을 포개 심장에 가져다댔다.

'내 인생의 끝은 무조건 해피엔딩이야. 그러니 도전을 멈추지 말자. 도전하면서부터 이미 성장하고 있는 거야.'

내가 좋아하는 새벽 운동이 또 있다. 바로 스트레칭이다.

아침에 일어나자마자 스트레칭을 하면 자느라 굳어 있던 몸이 개운해지면서 정신도 맑아진다. 요즘 같은 유튜브 시대에 운동 유튜버들의 공헌이 너무나 감사할 따름이다. 멀리 스포츠센터에 가지 않고도 집에서 혹은 원하는 장소에서 수행해나갈 수 있으니 말이다. 본격적인 하루를 시작 하기 전에 몸 구석구석 동작 부위에 집중하며 스트레칭을 하면 몸의 컨디션도 체크할 수 있다. 더불어 하루를 보낼 활력을 충전할 수도 있다.

달리기를 병행하는 나는 달리기 전후로 스트레칭을 한다. 특히 달리기 후 하체 스트레칭은 필수이다. 한편 스트레칭도 동작을 너무 무리하게 하면 좋지 않다. 그날 자신의 컨디션에 맞게 진행해야 한다.

할 엘로드, 데이비드 오스본의 저서 〈미라클 모닝 밀리어네어〉에는 "아침을 시작한다가 아니라 아침을 창조한다"라는 말이 나온다. 창조적인 아침이란 표현이 나는 참 좋다. 창조란 무엇인가를 새로 만들어낸다는 의미 아닌가. 나는 새벽 시간을 통해 내 시간을 창조했다. 몸과 마음의 건강을 챙기며 생산적인 시간을 만들었다. 주도적인 삶을 살려면 시간에 휘둘리는 것이 아닌 시간을 지배하는 것이 우선이다. 나는 나의 새벽 시간을 지배할 수 있었다. 그렇게 기쁘고 보람차게 하루를 맞이할 수 있었다. 하루의 시작이 가뿐하니 하루 전체가 여유로웠다. 낮에 업무를 하는 데도, 저녁에 아이들과 소통하는 데도 그 시간에 더 집중할 수 있었다. 이 글을 쓰는 지금 이 시각도 새벽 5시 50분이다. 맑은 정신으로 글쓰기에 집중하고 있다.

시간 배분을 잘하다 보면 다양한 루틴을 개발해나갈 수 있다. 이건 몸소 체험해보는 수밖에 없다. 특히 '내 시간'이 없어 스트레스가 많이 쌓여 있는 상황이라면, 시간 배분에 열정을 쏟아보자. 우선 충분한 수면과 새벽 타임을 자신에게 선물해보는 것은 어떨까? 동트기 전 새벽 기상, 가족이 일어나지 않은 그 고요한 시간에 무엇을 이룰지 계획해보자.

Q-1 나는 새벽 시간에 어떠한 성장을 이루겠는가?

나의 경우, 새벽의 매력을 처음 느끼게 했던 '영어회화 공부'였다. 그 후 영어공부 외에 현재 더 필요한 공부로 선택하여 확장하여 나아갔다. 접근하기 어렵다면, 가장 필요한 것, 뿌듯함을 안겨줄 만한 것 딱 1가지만 우선 실천해보자.

Q-2 새벽 시간 성장을 위해 할 일에 대해 어떻게 시간 배분을 할 것인가?

현재 나는 새벽 5~7시 사이에 성장을 이루려고 노력하고 있다. 처음 시작할 때는 최소화하여 시간 배분을 하는 것이 좋다. 나도 처음에는 감사일기 10분, 스트레칭 10분, 독서 10분으로 새벽을 열었다.

1) 질 좋은 수면

절대 잠을 줄여 무리하게 새벽 시간을 이용할 필요는 없다. 수면 시간 6~7시간 정도는 확보하는 것이 좋다. 질 좋은 수면을 위해 방해받지 않는 곳에서의 꿀잠을 권한다. 그런 공간 확보가 불가능하다면 최대한 가능한 여건 하에서 꿀잠의 환경을 조성한다.

혹시 자기 전에 했던 생각이 아침에 일어났을 때 드는 생각과 거의 일치한다는 사실을 아는가? '새벽은 내 하루를 결정하는 황금시간'이라 생각하며 잠을 청해 보자. 기상했을 때 그 생각이 다시 찾아오며 의욕을 불어넣어줄 것이다.

2) 기상과 동시에 마시는 물

일어나자마자 물 한 컵을 마시자. 공복 물 한 컵은 몸과 정신을 깨우는 데 도움을 준다.

3) 기상 시 하고 싶은 일 정하기

잠들기 전, 아침에 일어나자마자 가장 하고 싶은 일을 정해둔다. 나의 경우 감사일기, 독서, 운동의 루틴을 설계했는데, 그중 가장 당기는 것을 먼저 했다. 미리 정해두고 자면 알람 울리자마자 바로 그

루틴을 실행하기 수월하다.

4) 찬물 세수

정신을 깨어나게 하는 찬물 세수! 아침에 맑은 정신을 맞이하고 싶다면 공복 물 한 컵 직후 찬물 세수를 하자. 이 콤보 세트를 강력 추천한다.

TIP 하루를 길게 쓰는 법

1) 하루를 새벽/아침/점심/저녁으로 나눈다.

각 시간대마다 할 일을 정한다. 정하는 기준은 우선순위이다. 나의 경우 새벽에는 앞서 언급한 감사일기, 독서, 운동을 한다. 아침에는 상담코칭 업무, 점심에는 낮잠, 명상, 틈새 독서, 저녁에는 가족과의 소통을 한다.

이와 같이 각 시간대별 주요 리스트를 작성해놓고 먼저 할 것과 나중에 할 것을 구분해놓는다. 그러면 하루를 길게 쓸 수 있고 알차게 쓸 수 있다. 각 시간대마다 우선순위로 정해놓은 일들을 하면 그 새벽과 아침 사이/아침과 점심 사이/점심과 저녁 사이에 빈 시간이 생긴다. 그때 내가 좋아하는 것을 한다. 차 한잔, 놀이, 수다 등 즐거움을 주는 것이면 어떤 것이든 좋다.

무엇보다 이 루틴대로 하루를 온전히 보내는 데 성공하려면 새벽 시간을 보내는 습관부터 들여야 한다. 새벽이 무너지면 루틴도 무너진다. 나는 새벽 습관을 들이기 시작하면서 다짐했다. 어제보다 조금 더 성장한 나를 만나기로. 때로는 새벽 기상을 놓친 날도 있었다. 그때 어떻게 할 것인가 생각했다.

'낙담으로 하루를 망칠 것인가? 그럼에도 불구하고 나에게 나은 방법을 택해서 나아갈 것인가?'

나는 후자를 택했다. 후자 선택 후 방법을 생각해냈다. 새벽 기상을 놓쳤더라도 새벽에 하고자 했던 일들을 틈새 시간에 해내기로 한 것이다. 업무 후 스트레칭, 시간을 정해두고 독서, 떠오를 때마다 감사일기 쓰기. 이런 식으로 실천하니 비록 새벽 시간을 놓치는 일이 생기더라도 루틴을 완성할 수 있었다. '그럼에도 불구하고 해냈다'는 뿌듯함도 들었다.

이렇게 꾸준함의 반복, 넘어져도 일어남의 반복 덕분에 다른 예기치 못한 상황에서도 다시 일어설 수 있는 마음근육들이 조금씩 조금씩 쌓여갔다. 누구나 습관을 만드는 여정에서 잘가다가 중간에 망치면 다 어그러진 것 같은 감정을 느낄 수 있다. 하지만 그건 사실이 아니다. 뒤돌아보며 내가 해온 그 '실천 발자국들'을 보라. 해낸 여정들이 훨씬 더 많다. 한번 넘어졌다해서 거기서 끝이 아니다. 일어나 다시 걸어가면 된다. 나는 당신이 다시 일어나 걷기를 바란다.

작은 보상으로 힘을 내다

아침을 지배한 후 나는 카페에 와 있는 듯한 느낌으로 커피와 어울리는 음악을 선곡한다. 플레이를 누르고 분위기를 내며 커피를 내린다. 남편이 사다준 드립용 커피분쇄기가 있는데 커피원두를 갈 때마다 은은하게 퍼지는 그 향이 내 기분을 좋게 한다.

아침을 지배한 후 마시는 이 커피는 내가 나에게 수고했다고 주는 자그마한 보상과도 같다. 보상이라는 것은 내가 좋아하는 것을 잘 해냈을 때 '스스로에게 주는 선물'이다. 내 시간을 마련하고, 그 마련한 시간에 온전히 집중해 나의 우선순위를 다 해냈으니 얼마나 뿌듯한가? 나는 그런 나를 칭찬해주고자 정성스레 커피를 내린다.

"오늘도 잘 해냈어! 기특해!"

닭살이 돋을지라도 이런 말을 내게 해준다.

나는 가끔 스스로에게 이런 보상도 한다. 집 앞에 편의점 하나가 있다. 아이들 등교 배웅 후 집으로 돌아오는 길에 그 편의점에 들러 아메리카노와 설탕 묻은 페이스트리를 하나씩 산다. '단쓴(단맛과 쓴

맛) 조합'이 정말 꿀조합이라는 것을 아는가?

어릴 적, 나의 엄마는 제과점에 들러 노란색 나비 모양의 페이스트리를 자주 사오시곤 했다. 손으로 쭉쭉 찢어 먹고 손에 묻은 설탕을 쪽쪽 빨아먹는 재미가 얼마나 컸었는지……. 그 시절 좋았던 기분, 맛있었던 기억이 여전히 가슴속 깊이 잔잔하게 남아 있다. 요즘은 빵집에서 그 나비 모양 페이스트리를 찾기 어렵다. 아쉬움이 크던 차였는데, 편의점에서 발견한 설탕 묻은 동그란 페이스트리는 나에게 추억을 선물해주었다. 쓴 커피와 함께 먹으면 인생의 맛까지 느끼게 해준다. 정말 오묘한 이 느낌을 맛보기 위해 나는 단쓴조합을 즐긴다. 즐거운 보상이다.

스스로에게 주는 보상은 삶의 활력소다. 작더라도 꼭 보상을 해주자. 보상의 힘으로 더 힘차게 하루를 살아갈 수 있을 것이다.

요가매트에서 사는 여자

"수종아! 엄마 이불 좀 깔아줄래?"

"네!"

샤워를 마치고 나왔다가 피식 웃음이 났다. 막내가 이불과 베개를 가지런하게 깔아놓았는데, 그곳은 바로 요가매트 위였다. 이게 어찌된 일일까? 사실 나는 새벽 기상 습관을 들이기 위해 주방 한 켠에 내 잠자리를 마련했다. 요가매트에서 일어나자마자 아침 스트레칭으로 잠을 깨운 다음 바로 옆 책상에 앉아 책을 읽기 위해서다. 누군가는 특이하다고 생각할 수도 있겠다. 주방 한 켠에서 그것도 요가매트 위에서 자고 일어나다니!

요가매트에서 자고 일어나기로 결심했을 때 나의 마음 상태는 변화의 의지가 절박했었다. 나의 인생을 잘 일구어가고 싶었기에 한 선택이었다. 그렇게 몇 달 동안 요가매트에서 잠들고 일어나기를 실천하자, 자연스레 새벽 습관이 자리 잡았다. 매트와 혼연일체를 이루며 요가도, 명상도, 틈틈이 스트레칭도 자연스레 그곳에서 하게 되었다. 매일매일 이렇게 요가매트에서 생활하는 엄마의 모습을 본 아이들은 당연히 엄마가 잘 곳은 요가매트라고 생각한 것 같다. 한편으로는 고마웠다. 요가매트가 엄마의 보금자리가 되다 보니, 이 작은 요가매트 위에 아이들도 모여 앉아 함께 명상을 하는 일도 생겨났으니 말이다.

요가매트에서 아침에 일어나자마자 스트레칭을 처음 하던 날, 그때 느낌을 잊을 수가 없다. 정말 신기하게도 잠이 다 깨고 몸의 세포들이 살아나는 느낌이었다. 정신도 맑아졌다. 아침 스트레칭을 했을 때와 안 했을 때의 아침 컨디션도 차이가 있었다. 앞에서도 언급한 적 있지만 그 내용에 덧붙인다면, 아침 스트레칭의 가장 큰 장점은 경직된 근육을 풀어주고 전체 몸의 신진대사를 높여준다는 데 있다. 그래서 다이어트하는 사람에게도 효과적이다. 신진대사가 활발해져 체지방 감량에도 도움을 주기 때문이다. 무엇보다 잠을 깨우는 데에도 큰 역할을 한다. 나의 경우 새벽 4시 30분 기상 습관에 스트레칭이 톡톡히 역할을 했다. 스트레칭 10분 투자로 110분의 새벽을 번 셈이니 말이다.

새벽 알람이 울리자마자 책상으로 뛰어가서 책을 읽기도 했다. 또 어떤 날은 기분이 좋지 않아 하루 마음방향 설정에 더 신경을 기울일 필요가 있어 감사일기장부터 펼쳤다.

'오늘도 하루라는 선물이 주어졌구나. 얼마나 감사한 일인가? 그럼 오늘의 계획을 적고 그것이 잘 이루어질 것임에 미리 감사하자. 오늘 일어나는 모든 일은 나를 위한 것임에 감사합니다.'

이렇게 마음을 다스린 뒤 감사를 하나하나 적어내려갔다. 그러면 기분 전환이 되어 긍정적인 마음으로 하루를 시작할 수 있었다.

어떤 날은 일어나자마자 명상 영상을 틀어놓고 코 호흡에 집중하며 잠을 깨기도 했다. 루틴의 다양한 목록들을 하나하나 추가하면서 내 입맛에 맞게 그때그때 변경해간 것이다. 새벽시간을 놓친 날에는 하루가 더 짧게 느껴지는 경험을 했기에 새벽의 매력을 다시금 상기하며 '내일은 다시 잘 일어나야지' 의지를 다졌다. 이 과정의 시작과 마침이 모두 요가매트에서 이루어졌다. 요가매트는 나의 성장을 위한 공간이었던 것이다.

성장하기를 원한다면 '나'의 성장을 이룰 환경을 조성하는 것이 중요하다. 대단한 환경일 필요는 없다. 그저 안정과 몰입을 주는 환경이면 족하다.

Q-1 **당신의 성장을 실현할 공간은 어디인가?**

묻고 답하고 실행하고

"내 안에 너 있어."

나와 비슷한 세대라면 드라마 〈파리의 연인〉에 등장한 이 명대사를 알고 있을 것이다. 적어도 내 또래 우리 엄마들은 알고 있지 않을까? 이 대사를 응용해 나는 이렇게 말하고 싶다.

"내 안에 답 있어."

스스로에게 질문하기 시작했을 때 내 삶은 정말 많은 부분이 바뀌었다. 매일 오리무중 답답한 생활을 이어가다 책을 읽든, 유튜브 영상을 보든, 무엇을 접하든 '나의 경우 어떻게 할까?'를 늘 생각하다 보니 그 물음표가 내 친한 친구가 되었다.

나는 '오늘 어떤 하루를 보내고 싶은가?'라는 질문으로 하루를 시작한다. 그리고 그 물음에 '나는 어젯밤 정한 나의 리스트들을 다 해내는 보람찬 하루를 보내고 싶어'라는 답을 내놓는다. 여기서 끝이 아니다. 다시 새로운 질문으로 이어간다.

'그렇다면 보람찬 하루를 보내려면 시간을 어떻게 쓰면 될까?'

이 질문에 대한 답을 또 내 안에서 찾는다.

'아침 시간에는 우선순위로 정한 일부터 끝내고, 낮 업무시간에는 업무에 집중하고, 쉬는 시간에는 틈틈이 낮잠이나 틈새 독서를 하자. 저녁에는 모든 일을 내려놓고 아이들과 소통하면서 일과 가정 둘 다 뿌듯하게 마무리 하는 거야.'

그러고 나서 또 새로운 '친구'를 만난다.

'그럼 그 일을 다 해냈을 때 자기 전 어떤 생각이 들까?'

나는 친구에게 대답한다.

'처음 내가 떠올렸던 그 보람찬 하루를 보냈다는 생각에 정말 뿌듯할 거야.'

하루 질문은 나의 하루 방향을 이끌었다. 그 방향대로 하루를 살면, 하루를 마감하는 순간 잘 이루어냈다고 나를 칭찬할 수 있다. 나를 칭찬하며 잠들 수 있다. 물론 '질문-답'의 과정이 매번 순탄히 진행되는 것은 아니었다. 살다 보면 때로는 예기치 못한 일들도 일어나니까. 하지만 예기치 못한 일을 당했을 때 질문을 자꾸 떠올리다 보니, 그 상황을 긍정적으로 전환시킬 수 있었다.

'정해진 시간에 못한 것은 어떤 시간에 메꾸면 좋을까?'

'그렇다면 중요도에서 밀리는 것은 조금 시간을 적게 할애하고, 중요도가 더한 것을 그 시간에 하자.'

이렇게 스스로 조율하는 방법을 터득하게 된 것이다.

어쩌면 '나'에게 질문하고 또 답하는 것이 너무 엉뚱하고 닭살 돋는 행동이 아닐까 생각하는 사람도 있을 것이다. 하지만 **인생을 살면서**

제일 중요한 질문은 스스로에게 던지는 질문이다. 스스로에게 질문하기 시작하면 인생을 보다 주도적으로 살게 된다. 질문하면 답하고 싶어지는 것이 인간의 본능인데, 그 본능이 '나'를 움직이게 만든다.

자신에게 질문하는 것이 생활화되면 원론적인 인생의 질문도 하게 된다.

'나는 어떻게 살 것인가?'

'나는 어떤 가치를 추구하는가?'

'나와 타인이 함께 행복해지는 방법은 무엇인가?'

이런 질문들에 대한 답은 바로 나오기 힘들기도 하다. 시간이 꽤 소요되기도 하고, 다른 일을 하다가 불현듯 떠오르기도 한다. 중요한 것은 그 답을 찾아가는 과정에서 '내'가 성장한다는 것이다.

늘 '내' 안에 답이 있다는 것을 잊지 말자. 그 생각으로 '나'만의 '질문-답'의 생활공식을 만들어가자. 당신 안에 당신만의 답이 있다.

도출해낸 답은 반드시 기록하도록 하자. 그래야만 온전히 '내 것'이 된다. 예를 들어, 하체 건강을 위해 스스로에게 이런 질문을 던지고 또 답을 찾았다고 가정해보자.

Q - 질문 : 나는 하체 순환이 잘 안 돼서 잘 부어.
　　　　　원활환 하체 순환을 위해 당장 무엇을 해야 할까?

A - 답 : 물을 하루 7~8잔 이상 마시자.

－ 나트륨 과다섭취는 부종을 일으켜서 순환을 막으니까 짜지 않

게 먹는 습관을 기르자!

– 틈틈이 하체 스트레칭을 하자!

이 세 가지 답을 머릿속에만 담아둔 채 충실하게 실행할 수 있겠는가? 물론 그런 사람도 있겠지만, 대부분은 잊을 것이다. 잊지 않게 메모를 남겨 잘 보이는 곳에 붙여두는 것이 좋다.

한편 세 가지 답 모두를 실행하기가 부담스러울 수도 있다. 그렇다면 세 가지 중 가장 가뿐히 해낼 것 같은 쉬운 것 하나를 선택해 먼저 하면 된다. 아마도 물 마시는 일이 가장 쉽지 않을까 싶다. 물은 항상 마시는 것이니까 기억하기 쉬울 것이다.

결국 '질문–답'을 하는 이유는 '실행'을 위한 것이었다. 즉 '질문–답–실행'이란 생활공식을 익혀야 한다. 그 공식대로 살아야 주도적인 삶을 완성할 수 있다.

엄마는 공부가 재미있다

학창시절에도 그렇게 열심히 해본 적 없던 공부를 삼십대 중반이 되어 시작했다. 그것은 바로 나에 대한 공부, 세상에 대한 공부다. '나'를 알고 나니 사는 게 재미있어졌다. 내가 존재하는 세상이 궁금해졌고, 세상이 궁금해지니 함께 공존하는 사람들이 궁금해졌다. 궁금함을 해결하려고 또 공부했다.

공부에 박차를 가하게 된 것은 코로나 이후이다. 시기적으로 예상치 못했던 미래가 생각보다 빨리 앞당겨지자 공부해야겠다는 생각이 들었다. 나는 어느 분야의 한 전문가는 아니지만, 가정에서 공부해야 하는 사람은 바로 부모라고 생각한다. 아이들은 부모의 뒷모습을 보며 자란다.

어느 날, 책 한 권을 집었다. 미래교육과 코로나 이후 대처 방안 그리고 지금 당장 해야 할 것들에 대해 알려주는 책이었다. 궁금한 것에 집중하기 시작하면서 열의에 불타올라 하루 종일 책만 붙들고 있었다. 그러고 있으니 아이들이 와서 말했다.

"엄마, 공부가 그렇게 재밌어?"

내 입에서 이런 대답이 저절로 튀어나왔다.

"응! 엄마는 너무 재밌어!"

잠시 들른 아이 친구도 물었다.

"이모, 공부가 재밌다고요?"

"응 이모는 공부가 재밌어. 그래서 책을 좋아해."

"저도 이모 같은 사람이 되고 싶어요."

내가 책 읽고 있는 모습에 이렇게 말해준 아이 친구에게 이 지면을 빌려 고마움을 전한다.

나도 공부가 재밌다고 말하는 내가 참 신기하다. 학창시절엔 목적없이 공부를 해서 그런가 진짜 재미없었는데 말이다. 나는 나의 인생경영을 잘하고 싶다. 그러려면 나를 잘 알아야 하고, 세상을 알아야 하고, 열심히 공부해야 한다.

지금은 코로나 시대다. '비대면' 키워드가 급부상하면서 많은 시간 사람들과의 대면이 어려운 상황에 처했다. 많은 사람들이 위기에 빠졌다. 그렇다면 이 위기상황에서 우리는 무엇을 할 수 있을까? 집에서라도 '나'의 인생경영을 위해 무수히 갈고 닦아야 한다. 책으로, 신문으로, 인터넷으로, 유튜브로. 그래야만 이 위기를 기회로 만들 수 있다.

사실 나는 우리 아이들에게도 학교 점수에 너무 연연하지 말라고 말한다. 문제 하나 더 맞고 틀리고가 중요한 것이 아니라고 가르친다. 물론 그렇다고 학교 공부를 놓아도 된다고 생각하지는 않는다. 최선을 다할 필요는 있다. 최선을 다하되 너무 얽매일 필요는 없다는 것이다. 부모 말고도 세상에는 점수화로 판가름을 내리는 사람들이 너무 많다. 그런데 부모마저 점수화를 강요하며 자녀에게 부담을 보태서야 되겠는가.

스스로 생각하며 답을 찾아가는 과정이 더 중요하다. 나는 아이들과의 소통을 통해 서로 질문하고 답하면서 '너의 생각 나의 생각'을 함께 경청하며 나눈다. 그렇게 생각훈련을 한다. 이제 비대면이 점점 늘어나는 상황에서 가족이 한자리에 모여 있는 시간이 더 많게 되었다. 코로나는 위기이지만 이 위기를 가족과의 소통의 기회로 삼아본다면 어떨까?

한 번뿐인 삶에 대한 대답

"한 번뿐인 삶 어떻게 살고 싶은가?"

아마도 이 질문은 모든 질문의 끝판왕이 아닐까 싶다. 답은 하나다!

"하고 싶은 거 하고 살자! 그냥 해보자!"

유한한 삶인 줄 알면서도 우리는 가끔, 아니 자주 잊는다. 어느 날 개그우먼 박나래 씨가 TV 프로그램에 나와 이런 이야기를 한 적이 있다.

"죽음은 늘 우리 삶과 가까이 있다고 생각해요. 그래서 언제 죽을지 모르는 삶이기에 나는 보고 싶은 사람은 봐야 하고, 좋아하는 사람들 요리해줘서 맛있는 거 나눌 때가 정말 좋아요."

현재에 집중하며 행복을 뒤로 미루지 않고 '오늘'에 최선을 다하는 그녀의 마인드가 너무나 멋져 보였다. '카르페디엠', 즉 '현재를 즐기자'라는 이 말이 오늘 우리에게 정말 필요한 말이 아닌가 싶다.

우리는 너무나 눈코 뜰 새 없이 바쁘게 살고 있지 않은가. 현재에 집중할 틈도 없이 말이다.

나에게 현재의 유한한 삶을 즐기는 방법은 '도전'이다. 도전이 무슨 즐기는 것이냐고 반문할 수 있겠지만, 내게는 즐겁다. 도전에는 언제나 설렘과 두려움이 공존한다. 그 설렘을 충족시키고 두려움을 이겨내는 경험이 나는 좋다. 그 경험은 삶의 활력이 된다.

앞서 이야기한 대로 나는 겁도 많고 세상에 대한 기대감도 없던 사람이었다. 하지만 세상과 친해지려 도전이라는 것을 해보면서 내 삶을 더 잘 살아보고 싶어졌다. 도전을 통해 만나는 다양한 성장을 경험하고 싶어졌다. 그래서 나는 도전을 즐긴다.

도전하면서 이런 일기를 쓴 적이 있다.

오늘 메일함을 열었다. '1차 결과발표'라는 제목의 메일이 도착해 있었다. 갑자기 느낌이 싸~하다. 이 느낌은 그대로 결과로 이어졌다. '아쉽지만 지원해주셔서 감사합니다.' 그런데 나는 씨익 웃음이 난다. 이 비정상적인 반응은 무얼까? 사실 지난 2년 가까이 나는 내 안에 있던 한계의 틀을 깨고 여기저기 원하는 곳에 지원했다. 그러면서 숱한 거절통보를 받았다. 처음에는 자책과 자괴감에 빠졌다. '나는 역시 안 되는 건가? 나는 하면 안 되는 건가?' 하면서 우울해했다. 한 며칠 동안 마음을 다잡으면서 항상 이 말을 되뇌었다. "더 좋은 일이 생길 거야. 더 좋은 일이 일어날 거야." 그러면 어느새 내 기분은 나아져 있고, "다음! 다음! 다음!"을 외치며 나아갔다. 거절 받을 때마다 나를 다독이는 스케일도 업그레이드 되어 갔다.

'이것은 시작에 불과하다. 내가 지원한 곳은 내 끝 그림의 과정에서 이루어지는 것뿐이지 끝은 아니다. 그러니 걱정하지 말자. 그럼에도 내가 원하는 방향이면 기꺼이 한걸음을 내딛자. 내가 진정 무엇을 하고 싶은지 무엇을 원하는지 생각만으론 이룰 수 없다. 이것저것 시도해보는 그 과정에서 발견할 수 있다. 그러니 고고!!'

결론적으로 이 업그레이드된 다독임은 나를 더 앞으로 나아갈 수 있도록 큰 힘이 되어주었다.

수업 중 교수님께서 '코이'에 대한 이야기를 해주셨다.

"'코이'라는 물고기를 알고 있나요? 이 물고기는 참으로 신기합니다. 수족관에 살면 몸길이가 5~8cm 정도 자라는데, 연못에서는 15~20cm, 커다란 강에서는 무려 90~120cm까지 자란다고 해요. 생활하는 환경에 따라 코이의 크기가 결정된다고 합니다."

이거다 싶었다. 그동안 내가 보호막을 치고 더 이상 나아가기를 거부했을 때의 나의 세상, 그 세상은 딱 수족관이었다. 한 걸음 내디뎌 세상을 향해 나아가기로 마음먹었을 때부터 나의 세상도 연못으로, 큰 강으로 확대되었다. 더불어 나의 몸집도 커져갔다. 코이처럼.

첫째 딸과 함께 읽었던 책, 《꿈을 요리하는 마법 카페》에서도 말해준다.

꿈을 현실에 맞춰 축소시키는 게 아니라
현실을 꿈에 맞게 확대시키는 것이다.

넓은 공간에 물건을 더 많이 채워나갈 수 있듯이 세상 크기를 일단 넓은 상태로 설정해놓아야 한다. 그래야만 그 안에 소망을 담기가 쉽다. 소망이 여럿이라면 보기 좋게 분류하기도 편하다. 시야를 넓힐 수도 있다. 시야가 넓어지면 스스로 기회를 한정 짓지 않고 다양하게 돌파구를 찾아갈 수 있는 여력도 생긴다.

이 세상을 광활한 우주 크기로 설정하자. 그리고 그 안에 하고 싶은 일들을 마구 적어보자. 그다음, '내 가치(지키고 싶은 소중한 가치)'에 부합하는 것을 우선적으로 선정해보자. 그리고 그중 가장 이루고 싶은 것을 하나 고르자. 그것에 바로 가닿을 수 있는 실천사항들을 적고, 실천사항 중 가장 쉬운 것 한 가지만 우선 실천하자. 다음은 이 과정을 계속 반복하는 것이다. 그렇게 하고 싶은 일을 하자. 원하는 바를 이루자. 한 번뿐인 인생이니까.

chapter 4

에너지를
충전하는
나만의 방법

때와 장소를 가리지 않는 에너지 충전

나는 하루 일과 중에 잠시 쉬어가는 타임을 꼭 마련한다. 집에서 노트북 작업을 많이 하고, 상담과 코칭 일을 주로 하고 있기 때문에 어깨가 경직되고 다리 순환이 잘 안 되는 경우가 많다. 자세가 흐트러지며 통증이 올 때가 자주 있다. 그래서 쉬는 시간이 꼭 필요하다.

점점 어깨가 처지면서 자세가 바로 되지 않을 때, 그때 내가 잠시 쉬어갈 타이밍이다. 나는 휴식 타이밍을 눈치 채고 방으로 들어가 40분 뒤 알람이 울리도록 설정하고 눕는다. 예전에는 알람을 맞춰두지 않고 2~3시간 내리 낮잠을 잤었는데, 잠을 많이 잔다고 꼭 개운하지만은 않았다. 그래서 효율적인 수면 패턴을 체크해보니 나에게는 40분 낮잠이 딱 맞았다. 그렇게 40분 자고 일어나면 일어난 즉시에는 비몽사몽 하지만 다시 앉아서 일을 할 때 전보다 충전된 에너지를 느낄 수 있다.

나의 하루 일과에는 '비우는 시간'도 포함된다. 많은 생각과 상념들에 물들었을 때 잠시 비우는 타이밍이 필요하다. 그럴 때 10분, 길게는 20분 정도 명상에 들어간다. 보통 호흡에 집중하는 명상, 생각

알아차리기 명상을 실천한다. 사실 예전에는 명상이란 것은 그냥 시간 낭비하는 지루한 과정이라고 생각했었다. '사느라 바빠서 다른 거 하기에도 부족해 죽겠는데 명상까지 할 시간이 어디 있어?', 이런 생각까지 했다. 그런데 결론적으로 지금은 내 하루의 필수 시간이 되었다. 명상을 하게 되면 확실히 지금 이 순간에 머무를 수 있다. 나의 에너지를 많이 충전할 수도 있다. 명상의 시간은 순간순간 색다른 아이디어가 떠오르는, 흥분의 시간이 되기도 한다. 나는 현재를 살고 있는 나를 명상을 통해 온전히 만난다.

스트레스를 받거나 에너지 충전이 필요할 때, 비움의 시간이 필요할 때 낮잠과 명상, 이 두 가지를 추천하고 싶다. 바쁜 현대인들에게는 낮잠과 명상을 즐길 겨를도 없이 바쁘겠지만, 그래서 더욱 낮잠과 명상이 필요하다. 낮잠 환경이 안 된다면 '가벼운 산책'도 좋다. 햇빛을 받으면 행복 호르몬 세로토닌의 분비를 늘려 지친 뇌의 피로를 푸는데 도움을 준다. 걸으며 눈으로 즐기는 주변경관도 시야를 멀리보는 휴식 타임이 되기에 활용해보자.

일상에 쫓겨 앞으로만 나아가다 보면 '내'가 현재 어떻게 살아가고 있는지 잊을 때가 많다. 분명 살아가고 있는데 무엇을 위해 살아가고 있는 것일까 의문이 들기도 한다. 이런 망각과 의문이 계속되고 반복되면 삶은 아파진다. 똑같은 자세만 계속 반복한다면 그 부위에 통증이 생길 수밖에 없는 것과 같은 이치다. 자세를 다르게 고쳐야 한다. 그런데 자세를 고치기 전에 잠깐의 휴식을 갖다 보면 자세를 다르게 고치는 것도, 원래의 자세로 돌아가는 것도 보다 가뿐하게 할 수 있다.

긴장과 이완을 적절히 조절하면 언제나 최상의 컨디션을 유지할 수 있다고 한다. 잠깐씩 짬을 내는 의도적인 시간 확보는 스스로에게 시간적, 정신적, 공간적 여유를 주는 현명한 일이다. 몰입하기 위해 이런 휴식 타임을 더 적극적으로 활용하자. 특히 육아하는 엄마라면 더더욱 휴식 타임이 필요하다. 잠깐의 커피 한잔도 큰 힐링 타임이 될 수 있다. 일에 온전히 몰입할 수 있게 도와주는, 그러한 휴식의 창구를 꼭 마련해두자.

지하철역 안. 명상 모임 사람들과 밤 10시 정각에 함께 온라인으로 만나 명상을 하고자 한 바로 그 시간. 나는 서울에서 일정이 있어 볼일을 마치고 지하철을 기다리고 있었다.

이어폰을 귀에 꽂고 의자에 앉아 눈을 감았다. 온라인에 공유된 명상 영상으로 가이드에 따라 차분히 명상을 했다. 명상을 마친 후 눈을 뜨고 청안해지는 나를 만났다. 사람들이 그렇게 붐비는 시간, 지나는 사람들이 많은 장소에서 나는 명상을 온전히 해냈다. 그리고 느꼈다.

'내 마음만 준비되고 집중만 할 수 있으면 장소는 그렇게 중요하지 않구나.'

그 뒤로 나는 서울에서 볼일이 있으면 늘 이어폰을 준비한다. 지하철을 기다리며 서 있을 때에도, 지하철에 타서 이동할 때도 눈을 감고 명상을 한다.

자리 지키고 가부좌 자세로 앉아야만 명상을 할 수 있는 것은 아니다. '내' 마음만 리셋이 된다면 어느 곳에서나 할 수 있다. 휴식 타임은 어디서든 가질 수 있고, 휴식의 창구는 어떻게든 마련할 수 있다. 단 1분이라도 괜찮다. 집중만 할 수 있으면 된다. 그러면 명상은 거창한 의식이 아니라 소소한 생활이 된다. 그러므로 휴식 타이밍을 만드는 데 너무 겁먹지 말자. 용기를 내자.

무작정 걷기

아침 코칭 업무를 마치고 커피를 사기 위해 무작정 거리로 나섰다. 집 앞에 있는 커피숍을 놔두고 의식적인 걷기로 장거리를 선택했다. 우리 집에서 시내로 나가려면 버스를 타고 나갈 거리이긴 하지만, 여기 살면서 버스를 거의 타본 적이 없다. 주위를 둘러보면 눈에 담을 자연경관이 많이 펼쳐지는 점이 내가 사는 이곳의 큰 장점이다. 커피를 산다는 명목하에 1시간 이상 집, 커피숍, 집까지 만 보를 걸었다. 집 앞에서 파는 커피를 마셔도 되고, 집에서 드립 커피를 내려 마셔도 되지만 만 보를 걸은 이유는 어제 새벽에 만난 《걷는 사람, 하정우》라는 책 덕분이다.

걷는다는 것! 평소 그냥 아무 생각 없이 걸을 때도 있었는데, 걷기에 대한 배우 하정우 씨의 생각을 책에서 만나니 뛰는 것 못지않게 걷기의 매력도 알 수 있었다.

목적지를 정해두고 가는 그 과정에서 어떤 일이 일어날지는 모른다. 하지만 결국엔 도착하게 되어 있다는 것이 인생과도 같다는 생

각이 들었다. 인생의 끝이 '죽음'이라 이름 붙여진, 누구도 피해갈 수 없는 '무(無)'라면, 우리가 할 수 있는 일은 하루하루 좋은 사람들과 웃고 떠들며 즐겁게 보내려고 노력하는 것 뿐일 테다.

우리는 '인생'이라는 여정을 걷고 또 걷고 있다. **우리 인생의 끝은 이 책에서 나온 것처럼 그 죽음이라는 '무'로 향한다.** 끝이 결국 '무'라고 하니, 나는 이런 생각마저 들었다.

'너무 고군분투하며 살지 않아도 나는 가뿐하게 떠날 수 있겠다.'

그렇다고 막 살겠다는 건 아니다. 내가 느낀 건 인생에서 너무 애쓰며 살 때 나 자신을 자칫 잃을 수도 있다는 것이다. 나의 이 여정을 잠시라도 제3자의 눈으로 바라볼 필요가 있다.

주변을 눈에 담아보자. 걸으면서 주변을 바라보자. 뛰면서 주변을 챙기기는 거의 불가능하다. 걸으면서 주변을 보면 '나'가 보인다.

커피숍으로 향해 걷다가 조금 늘어지는 듯해서 뛰어본다. 숨이 차면 다시 속도를 낮춰서 나만의 속도로 천천히 걷는다. 갑자기 '감사' 단어가 생각나, 왼발 디딜 때 '감사합니다', 오른발 디딜 때 '감사합니다', 속으로 외쳐보기도 한다. '감사합니다'라는 말이 길어서 걸음이 버퍼링 나기도 한다.

걷다가 갑자기 친정엄마가 떠오른다. 바로 엄마에게 전화 걸어 통화하기도 한다. 그러다가 '저번엔 이쪽 길로 갔었는데 이번엔 저쪽 길로 걸어보자' 하며 새로운 길로도 돌아가본다. 그냥 걸을 때와 의식적으로 걸을 때의 느낌이 다르다. 의식적으로 주변을 눈에 담아보니 내 삶과 닮아 있는 모습에 그저 미소가 지어진다.

기쁘게 살다가도 우울감이 밀려와 어두운 곳으로 찾아들 때가 있다. 그럴 때 이 감정을 눈치 채야 한다. 어둠은 더 큰 어둠을 몰고 오기에 잠시 어둠 속에 들어갔을 때 거기에서 빠져나올 수 있게 스스로를 건져내야 한다. 건져낼 수 있는 방법은 무작정 걷기다. 집에만 있으면 우울감에서 헤어나오기 더 어려워진다. 고립되기 때문이다. 밖으로 나가 무작정 걸어보자. 생명력을 느껴보자. 떠오른 태양도 마주하고, 하늘 위 흘러가는 구름의 움직임도 관찰하고, 자전거 타고 지나가는 사람의 역동적인 발 움직임도 살펴보고, 귀로 들려오는 자동차 소리, 스쳐 지나가는 낯선 사람의 말소리, 엄마와 손잡고 아장아장 걷는 아가의 미소, 바람이 전해주는 공기의 느낌을 담아보자. 이러한 모든 것이 생명력이다.

걷다 보면 인생이 보인다. 기나긴 인생 여정이 축소되어 보인다. 그 풍경을 온전히 가질 수 있다는 것이 걷기의 매력이다. 우울할 때면 더더욱 몸을 움직여 나가라. 운동화 신고 그냥 나가라. 튼튼한 두 다리로 걸어라. 걷고 또 걸으며 생명력을 느껴라. '나'를 느껴라. '나'는 살아 있고 느끼고 생각하는 생명체이다. 살아 있는 것만으로도 존중받아야 할 소중한 존재이다.

무작정 달리기

어젯밤, 속이 답답했다. 스트레스가 쌓였다. 아무것도 하기 싫고 자꾸 답답한 마음이 올라왔다. 집 밖으로 무작정 나가 냅다 달렸다. 기분이 다운될 때 가끔 그런다.

달리면 무념무상이 된다. 그냥 달리는 것 자체가 적극적인 움직임이기 때문에 헉헉거리며 숨 쉬기 바쁘다. 달리면서 느낀다.

'이렇게 내 몸이 살아 있구나!'

발바닥이 땅에 닿는 감촉, 이마, 코, 목덜미에서 흐르는 땀, 눈에 보이는 여러 풍경들, 거친 숨소리. 이것이 나의 기운을 플러스로 올라가게 해준다.

밤 9시가 다 되어가는 시간인데 뛰는 사람들이 보인다. 반대편에서 달려오는 사람들의 발소리, 숨소리, 대로변의 화려한 네온사인. 모든 것이 다 현실감 있게 다가온다. 2km 중반을 넘어서니 숨이 가빠온다. 늘 달리던 코스를 돌아 집으로 가는데, 집까지 가려면 강을 건너가야 한다. 강이 보인다. 시원하다. 땀이 비 오듯이 흐르면서 답답했던 가슴팍이 활짝 열린다. 호흡이 가빠오며 내 숨소리, 두근두근 내 심장소리가 귓가에까지 전해진다. 이 시간 나는 살아 있음을 느낀다.

그동안 답답했던 것이 무엇인지도 생각해본다. 이유 모를 답답함······. 그저 잠시 에너지를 느껴보라는 신호였다. 내가 그동안 갇혀 있었기에 닫혀 있던 시야를 좀 더 밝혀 세상을 바라보라는 신호였다. 집에 돌아와 샤워를 싹 하고 나니 체기 내려간 듯 개운하고 시원하다. 뛰는 맛을 다시 한 번 느끼는 순간이다.

답답함이 가시지 않을 때, 내 시야를 돌려 다른 곳을 좀 더 바라보고 싶을 때, 주저 말고 그저 달려보자. 몸 안의 그 뜨거운 기운들이 마구마구 샘솟을 것이다.

아무것도 안 하면서 많은 것을 하기

어느 날 번아웃이 찾아왔다. 정말 더 이상 업무를 진행할 수 없는 상태가 왔다. 과부하다.

번아웃 증세가 반복된다. 모든 걸 내려놓고 휴식에 투자해야만 할 시점이었다. 나는 무작정 쉬기로 했다. 아이들 케어도 해야 하는데, 모든 부분에서 내 에너지가 딸리는 상황이라 무작정 휴식을 선택할 수밖에 없었다. 나는 일주일 동안 아무것도 안 했다. 적극적으로 빈둥거렸다.

쉬는 동안 네 가지를 느꼈다.

'완전히 쉬는 것 같아도 나는 아직 할 일이 많구나.'

공식 업무만 쉴 뿐이지 아이들 케어를 비롯한 집안일은 손을 놓을 수가 없었다. 다만 업무를 안 하니 시간을 더 길게 잡고 할 뿐이었다.

'새벽 기상을 안 하니 하루가 후딱 가는구나.'

새벽을 건너뛰고 아침을 맞이하니 하루가 금방 흐르는 느낌이었다. 분명 새벽의 2~3시간은 나의 시간이었는데, 그것이 사라진 채 아침을

늦게 맞이하니 어색했다. 새벽 기상을 쉬는 한 3~4일간은 그래도 괜찮았으나 뒤로 갈수록 다시 새벽 기상이 그리워지기 시작했다.

분명 그 새벽 고요한 시간은 나를 위한 시간임이 더 확연해지는 순간이었다. 그리워서 새벽시간을 다시 맞이하게 되었다.

'하루를 알차게 쓸 수 있다는 것은 참 감사한 일이구나.'

적극적으로 빈둥거렸지만 시간을 허비한 것은 아니었다. 나는 비우기를 통해 재충전을 했던 것이다. 그래서 빈둥거리면서도 하루를 알차게 보낼 수 있었다. 이런 여건이 허락된다는 것이 무척 감사했다.

'다시 나로 돌아가려는 이 적극적인 움직임이 참 반갑구나.'

그렇다. 적극적 빈둥거림은 결국 적극적 움직임이었다. 둘은, 적어도 내게는, 동전의 양면 같은 것이었다. 휴식은 다시 적극적으로 '나'의 시간을 쓰기 위해 돌아갈 수 있는 시간을 마련해주었다. 내게 익숙했던 패턴을 새로운 시각으로 바라볼 수 있는 눈을 주었다.

누구에게나 휴식이 필요하다. 그동안 달리기만 했다면 잠시 멈춰 그 시간을 다르게 써보자. 적극적으로 빈둥거리면서 적극적인 움직임을 도모해보자. 덤으로 순간순간 달려온 과정의 소중함, 시간에 대한 감사함을 느낄 수도 있을 것이다.

비우고 채우는 미니멀 라이프

'1일 1비움'이라는 미니멀 라이프 프로젝트에 참여한 적이 있다. 하루 1개 비움과 정해진 공간을 아침, 저녁으로 정리한 후 인증하는 프로젝트였다. 예전 나의 라이프 스타일은 맥시멀 라이프였다. 무조건 쟁여두고 쌓아두었다. 그런데 어느 순간 내가 사는 공간이 물건으로 인해서 짓눌리는 느낌을 받았다. 물건이 어디에 있는지 몰라 찾느라 시간을 허비하는 일이 잦아졌다. 그러한 패턴의 연속이었다.

운동, 명상, 그리고 모든 소중한 것에 집중하는 삶을 살고자 결심하니 '공간지배의 필요성'이 뼈저리게 느껴졌다. 물건에 짓눌리고 그 물건에 시간을 허비하는 패턴을 끊어야 했다. 도움이 되는 책을 만나게 되었다. 책은 말했다. '나'를 둘러싼 모든 것들, 특히 내가 사는 공간의 환경은 나의 내면을 비춰주는 거울이라고.

내 거울은 깨끗하지 못했다. 나는 마음이 어지러울 때 더 게을러진다. 청소도 안 하고, 설거지는 쌓이게 두고, 쓴 물건은 아무렇게나 팽개친다. 그러다 문득 그 어수선함이 눈에 들어오면 짜증이 확 올라온다. 공간과 마음의 갈등이 시작된다. 마음과 공간이 서로를 비춰주는 관계라는 것을 진작 알았더라면…….

이제라도 깨달았기에 더욱더 정리가 필요하다. 이제는 삶의 변화를 원할 때, 작게는 하루 동안 기분 전환하고 싶을 때 청소를 한다. 청소함으로써 기분이 상쾌해지고 개운해지는 것을 경험한다. 묵혀 있던 잡동사니를 청소하면서 내 인생을 정리한다.

어느 날, 며칠 돌보지 못했던 주방으로 향했다. 수납장을 모두 열었다. 아이들 저학년 때 썼던 물통들, 유치원 때 썼던 수저함까지 그대로 있었다. 비우고자 결심한 순간 비워야 할 것들이 눈에 정확하게 들어오기 시작했다. 비울 것을 하나하나 꺼내다 보니 거실 바닥 한쪽 가득 차지했다. 아이들을 불렀다.

"얘들아! 지금부터 분리수거하자."

아이들도 팔을 걷어붙였다. 어렸을 때 잘 사용했던 것이니 그동안 고마웠다고 인사하며 보내주었다.

귀가한 남편이 주방을 보며 한마디했다.

"어우~ 깨끗해!"

이 짧은 한마디에 모든 의미가 함축되어 있다. 속이 뻥 뚫리는 시원함 아니겠는가?

신기하게도 깨끗해진 공간이 보이니 요리하고 싶어졌다. 쌓여 있는 주방기구들을 볼 때면 한숨부터 푹푹 새어 나왔는데 말이다. 요리 공간이 생기면 요리하고 싶어지는 건 어쩌면 당연한 본능일까.

무심코 현관으로 눈을 돌렸다. 현관은 많은 사람들이 오고 가는 곳이기에 가장 먼저 접하게 되는 곳이다. 예전에 남편 지인이 우리 집에 방문한 적이 있었다. 그 지인분의 말이 문득 떠올랐다.

"집에 폭탄 맞았어요?"

우스갯소리로 이야기했지만, 사실 나는 마음에 폭탄을 맞았다. 꼭 그 말 때문만은 아니다. 그때 나는 마음에 폭탄을 맞고 있던 시기였다. 마음이 어지럽고 우울하여 현관 신발에 눈이 가지 않던 때였다. 정리에는 관심조차 없었다. 풍수에 의하면 현관은 우리가 세상을 바라보는 각도이자 자신을 들여다보는 각도라고 한다. 현관이 정리되어 있지 않다면 새로운 기회의 흐름이 차단되고, 사회적 성공이나 발전도 방해받는다고 한다. 그렇다면 막힌 곳을 뚫어 주어야 하지 않겠는가?

이제 우리 집에는 정리 규칙 사항이 하나 생겼다. 현관을 오고 가면서 신발 정리하고, 현관 앞에 쓰레기를 쌓아두지 않기. 예외 없이 모든 가족이 지켜야 한다.

지난날 나는 무언가를 버리고 나서도 이런 생각을 종종 하곤 했다.

'이거 버렸는데 필요하면 어쩌지?'

혹시 나와 비슷한 경험을 한 적 있는 사람이라면, 지금 그런 생각을 갖고 있는 사람이라면 《아무것도 못 버리는 사람》의 이 구절을 들여다보기 바란다.

만일을 대비하여 물건을 버리지 못한다는 것은
그만큼 미래에 대한 확신이 없기 때문이다.

뭔가를 버린 후에 그것이 곧 필요해질까봐 걱정을 한다면
얼마 지나지 않아 나의 무의식이 스스로 그 물건이 필요한 상황
을 만들어내고 만다.

-《아무것도 못 버리는 사람》

필요하면 어쩌지 하고 버렸다가 실제로 진짜 필요해져서 '에이, 괜히 버렸네' 한 적이 있었다. 이 책은 내가 겪은 그 상황을 물건 주인이 스스로 만들어낸 것이라고 꼬집는다. 본인이 시원하게 버리지 못했기에 필요한 상황을 자초한 것이라는 말이다.

작가는 아래와 같이 생각을 전환해야 한다고 말한다.

필요해진다 해도 비슷하거나 더 나은 물건이 적절한 시간에 등
장하게 될 것이다.
맑고 진실한 삶을 살면 살수록 필요한 물건들이 필요한 순간에
저절로 등장하게 된다.

비우면 채워진다. 그냥 채워지는 것이 아니라 더 좋은 것으로 채워진다. 그 사실을 인지한다면, 비움을 즐겁게 실천할 수 있다. 잡동사니 청소는 보다 가뿐한 인생 여정을 만들어줄 것이다. 이 물건이 없으면 어쩌나 하는 불안, 두려워하는 그 마음을 치유해줄 것이다.

오래된 것에 붙잡혀 새로운 것을 받아들이지 못한다면 그것은 더 좋은 것을 얻을 수 있는 기회를 내 발로 차는 격이다. 사람은 성장하

고 싶어 한다. 그것이 인간의 본능이다. 또한 성공하고 싶어 한다. 그것 또한 본능이다. 그 욕구들을 충족하고 싶다면 성장과 성공 에너지가 잘 흐를 수 있도록 집이라는 공간을 새롭게 설계하자. 그것은 바로, 불필요한 물건의 정리와 비움이다.

어느 날, 〈신박한 정리〉라는 프로그램을 만났다. 신애라 배우의 이 말이 내 마음에 훅 들어온다.

"정리하면 공간이 보이고 공간이 보이면 사람이 보인다."

이 말의 의미를 곰곰이 생각해보았다. 정리하면 공간이 보이는 것까지는 알겠는데, 사람이 보인다고? 마침 공간 활용에 제일 필요성을 느끼던 거실 베란다가 눈에 들어왔다. 자전거 다섯 대가 오가지도 못하게 길을 막고 있었다. 베란다에 널려 있던 자전거를 남편과 정리하고, 안 쓰고 자리만 차지하던 옛 가구들을 버렸다. 물건들을 정리하니 공간이 훤해지는 것이 아닌가? 빈 공간을 보니 베란다가 이렇게 넓었나 싶었다.

아이들과 남편이 오늘은 여기서 고기파티를 하자고 했다. 대패삼겹살과 야채를 사고 베란다에 매트를 깔았다. 고기와 어울리는 비빔냉면과 쭈꾸미 볶음도 내어 한상 가득 피크닉을 즐겼다. 대패삼겹살을 구워 접시에 내려놓자마자 아이들 젓가락질이 바쁘다. 아이들이 그냥 삼겹살보다 대패삼겹살을 더 잘 먹는다는 사실도 발견한다. 공간이 보이니 우리 가족의 행복이 충전된다.

아이들이 고기를 먹다 말했다.

"엄마, 베란다가 원래 이렇게 넓었었어?"

"우리 지금 소풍 나온 것 같아."

"엄마, 내일도 여기서 스파게티 먹자!"

남편도 한마디 거들었다.

"여기서 텐트 치고 그냥 자자!"

비우니, 가족의 공간 활용도가 높아졌다. 가족이 둘러앉아 맛있는 음식 먹으며 함께하는 시간을 더 즐기게 되었다. 사람이 보인다는 말이 이 말이구나 싶었다.

'미니멀 라이프'를 나는 이렇게 정의한다.

"내 삶에, 진정 소중한 것에 집중하고자 불필요한 것들을 비워내는 과정이다."

나를 발견하고 발전시킨 낭독

어릴 적 친구와 함께 DJ놀이를 즐겼다. 우리의 목소리를 녹음하고 초대 가수를 모신다. 실제 DJ와 초대 가수가 된 것처럼 능청스럽게 연기한다.

"안녕하세요! DJ 유진영입니다. 오늘은 초대 손님 신승훈 씨를 모시고 이야기를 나누어보겠습니다. 신승훈 씨, 안녕하세요. 저 신승훈 씨 팬이에요. 어쩜 노래를 그렇게 잘하세요?"

팬으로서 신승훈 역할을 만든 친구가 연기한다.

"아! 네, 감사합니다."

"오늘은 어떤 노래를 들려주실 건가요?"

"오늘은 〈미소 속에 비친 그대〉를 들려드리겠습니다."

친구와 나는 숨을 죽이고 카세트의 플레이 버튼을 누른다. 초대가수의 노래를 직접 틀어주며 노래를 녹음한다. 실제 라디오 진행을 하는 것처럼 연기하며 키득키득 우리만의 놀이를 즐긴다.

지금 생각해도 풋풋하다. 이때가 처음 내 목소리를 녹음해서 들었던 때이다. 결혼 후 삼남매에게 책을 읽어주고 점점 읽어주는 재미를 느끼면서 내 목소리가 동화구연하는 데에 소질이 있지 않을까 잠시 생각해본 적이 있었다. 어느 날, 한 자격증 수업을 들었을 때였다.

"진영 샘, 진영 샘은 구연동화에 소질이 있는 것 같아요."

프레젠테이션 수업을 준비해서 앞에서 발표했을 때 지도 선생님에게 들었던 칭찬이다.

좀 더 거슬러올라가 보면 중학교 합창부 시절, 음악선생님께도 칭찬을 들은 적이 있었다. 합창하고 있는 그 틈에 선생님이 내 앞으로 오셨다. 그러고는 내 입에 귀를 갖다 대시고, "좋은 목소리를 찾고 있었는데, 이제 찾았네"라고 하셨다. 선생님이 나를 선택해주신 덕분에 나는 2년 동안 성악을 배워서 대회에도 나가는 경험을 했다. 하지만 그뿐, 내 목소리로 무언가를 할 수 있을 거라는 생각은 해본 적이 없었다. 목소리를 내는 것과 나와의 연결고리. 그때는 눈치 채지 못했다.

그런데 최근 '낭독'이라는 것을 접하다가 나의 목소리에 더 귀 기울이게 되었다. 처음에는 정말 간지러웠다. 내 목소리를 녹음하고 그것을 다시 내 귀로 듣기란 참으로 어색한 일이었다. 하지만 매일매일 낭독하며 인증하는 프로젝트에 참가하면서 나의 낭독하는 발음, 소리, 속도가 점차 발전하는 경험을 했다. 더 나아가 낭독 오프라인 수업을 통해 성우 선생님을 뵙게 되면서 낭독 매력에 푹 빠지게 되었다.

"소리는 마음을 대변해요. 말은 듣는 이를 생각하면 살아납니다."

성우 선생님의 말씀이다. 선생님은 감정이입해서 소리 내어 말하는 것의 중요성을 알려주셨다. 또한 내가 낭독하는 모습을 보고 이런 말씀도 주셨다.

"소리가 꽂혀요. 더하지도 덜하지도 않고, 한 문장 한 문장 다 전달돼요. 그러니 계속 낭독하세요."

이 말씀 덕분에 책을 눈으로 읽는 것에서 그치지 않고 내 목소리로 소리 내어 읽기 시작했다. 그러면서 나의 감정과 작가의 감정을 동시에 바라보는 경험을 했다.

특히 매일 아침 좋은 메시지를 소리 내어 읽을 때는 내 마음에 깊은 울림이 남았다. 내 목소리로 읽으며 글과 내 마음이 맞닿을 때 주는 감동은 하루 종일 지속되었다. 그런 경험이 반복되면서 점차 내 마음에 변화가 일어났다. 책의 메시지가 응원의 메시지가 되었고, 나는 그 메시지를 온전히 내 안에 심으며 다시 힘을 낼 수 있었다.

목소리는 거짓말을 할 수 없다. 긴장하는지, 불안한지, 기분이 좋은지, 화가 났는지, 아닌 척 숨기려 해도 억양이나 떨림으로 감정이 고스란히 드러난다. 그래서 책을 소리 내어 읽으면 '나'의 현재 마음 상태도 점검할 수 있다. 지금 '내' 공간에 있는 책들 중 한 권을 꺼내 소리 내어 읽어보자. 음식의 맛을 온전히 음미하듯 읽어보자. 처음엔 컴퓨터가 읽어주는 기계 소리 같을 수도 있지만, 계속 읽다 보면 그 텍스트 내용에 자기 목소리가 녹아든다. 그때마다 내 목소리와 메시지가 어우러지는 경험을 하게 될 것이다. 전보다 더 편안하게 들릴 것이다. 결국 낭독을 즐기게 될 것이다.

낭독은 마음 밭에 뿌리는 씨앗이다. 그 씨앗이 자라 열매를 맺어 마음을 가득 채울 것이다. 그러니 마음이 동하는 문장에 밑줄 긋고 눈으로 읽고 입으로 소리 내서 읽자. 그 소리를 귀로 들으며 가슴에 새기자. 치유가 일어날 것이다.

눈물로 행복하기

어느 날, 유튜브에서 〈아이콘택트〉라는 TV 프로그램을 보았다. 두 형제가 나와서 눈을 마주보며 이야기를 나누고 있었다. 사고로 하반신 마비가 된 형이 동생에게 말했다.

"동생아, 너는 내가 사고 난 이후 늘 내 옆에서 소변, 대변 다 받아줄 정도로 정말 힘든 일까지 다 해줬어. 너무 고마워. 사실 그게 쉬운 일은 아니잖아. 너무 고마웠고 또 고마웠어."

형의 말에 동생은 이렇게 대답했다.

"나는 형이 지금 괜찮은지 궁금해. 늘 웃는 얼굴로 괜찮다고 이야기하는데, 다른 사람을 생각하느라 속으로는 그렇지 않은데, 애써 그렇게 얘기하고 있는 건 아닌지 걱정되었어."

오히려 형을 걱정하고 위하는 동생의 말이 내 마음을 울렸다. 그 영상을 보자마자 나도 모르게 하염없이 눈물이 흘렀다. 형제의 대화 안에서 '사랑'이라는 단어가 내 안에 훅 들어왔기 때문이다.

내가 하고 싶은 일을 하더라도, 내가 원하는 일을 하더라도 업무에만 매진하다 보면 체력적, 심적으로 지칠 때가 있다. '내가 왜 이 일을 시작했던 것일까? 나는 지금 여기 왜 있는 것일까?', 멘붕이 오기도 한다. 나도 사람인지라 이런 상황이 올 때면 가슴이 닫혀버린다.

형제의 영상을 본 날, 나는 그런 상황에 처해 있었다. 그 상황에서 형제의 대화를 접하고 가슴을 열 수 있었다. 우연히 만난 영상 한 편이 그동안 해왔던 나의 일, 나의 감정, 초심 등을 일깨워주는 계기가 되었다.

눈물의 의미는 그렇다. 메마른 땅을 촉촉이 적셔주는 비와 같은 의미로 다가온다. 메마른 마음을 촉촉이 적셔 생기를 돌아주는 비. 나는 눈물을 흘리면 마음 땅이 비옥해지고 건강해지는 느낌이다. 닫힌 가슴이 열린다. 그 열린 가슴 안에 무언가를 포용할 수 있는 마음이 자리 잡는다. 탁했던 마음이 깨끗해진다.

형제간의 사랑이 듬뿍 담긴 대화를 만나 이와 같은 경험을 했다. 나는 가족에 대해, 일에 대해, 현재에 대해 감사할 수 있었다. 마음을 눈물로 비우고 사랑으로 채울 수 있었다. 이 경험 이후 한껏 울고 싶을 때 일부러 감동적인 영상들을 찾아본다. 인간은 사랑으로 연결되어야 행복하게 살아갈 수 있는 존재다. 그래서 나는 감동적인 영상을 일부러 찾아보면서 사람과 사람 사이에서 나눌 수 있는 그 연대의 마음을 느낀다.

외롭고 힘들 때, 삭막하고 정 없는 세상 같아 보일 때, 괴로울 때, 그래도 이 세상 살 만한 곳이라는 걸 다시금 느끼고 싶을 때 눈물 한 바가지 흘릴 수 있는 감동 영상을 보라고 권하고 싶다. 당신이 지금 갖고 있던 세상에 대한 그 닫힌 마음을 열 수 있도록 도와줄 것이다.

chapter 5

나에게
약이 되는
습관 만들기

지속 가능한 습관 만들기- 운동

"아이 학원 픽업해야 하느라 바빠요."

"나도 운동하고 싶어요. 그런데 워킹맘이라 시간이 안 나요."

"엄마로서 해야 할 일도 많은데, 운동을 언제 하나요?"

운동 하려는 의지가 충만했다가도 위와 같은 여러 상황으로 자신도 모르게 이 핑계 저 핑계 대게 된다.

그렇다. 사실 우리 엄마들은 육아 한 가지만 하기에도 바쁘다. 하지만 그럼에도 '나'를 위한 시간에 투자하기를 바란다. 나는 '보다 가뿐하게 운동습관을 들일 수 있는 이 방법'을 추천한다. **일상생활 속에서 반복적으로 행하고 있는 행동 바로 뒤에 가벼운 운동 습관을 만드는 것이다.** 우리가 일상 속에서 당연시 여기며 매일 하는 행동에는 무엇이 있을까? 아침에 일어나는 일, 양치질, 화장실 가서 볼일 보기, 설거지, 쓰레기 버리기, 취침 등이 있다. **이런 행동 뒤에 '내'가 갖고 싶은 운동 습관을 덧붙이는 것이다.**

우선, 아침에 일어나면 바로 모닝 스트레칭을 하자. 모닝 스트레칭은 가장 쉽고 간편한 운동 중 하나다. 층간소음의 걱정도 없고 관절에 부담도 적다. 모닝 스트레칭은 짧게는 5분, 길게는 20~25분이 적당하다. 그 시간 안에 전신을 위한 다양한 시퀀스를 모두 완수할 수 있다.

우리가 매일 하는 일에 또 무엇이 있을까? 양치질이다. 나는 양치질 할때 '스쿼트'를 진행한다. 스쿼트는 허벅지와 엉덩이 근육을 단련해주는 좋은 동작으로 풀스쿼트, 하프스쿼트, 홀딩스쿼트, 바운스스쿼트 등 다양하다. 나는 그 중 속 근육을 자극시켜 셀룰라이트 감소에도 도움을 주는 '홀딩스쿼트'를 좋아한다. 현재 나에게 셀룰라이트가 많으니 선택한 것이라 말할 수 있겠다. 아침, 점심, 저녁 양치질을 할 때 '양치질-홀딩스쿼트' 한 세트로 묶어서 진행하고 있다.

잠자기 전 이불을 깔자마자 바로 눕는가? 수면에 도움을 주는 피로 회복 스트레칭을 10분만 하자. 꿀잠이 찾아올 것이다.

지금까지 소개한 방식으로 하나의 행동 뒤에 좋은 운동 습관 하나씩을 붙여서 만든다. <u>일상적으로 반복되는 행동에는 좋은 운동 습관이 끼어들 수 있는 틈이 있다.</u>

최근에 나는 정수기 물을 받을 때 버려지는 시간을 체크했다. 30초 정도 되는데(물 약 250ml) 그 버려지는 시간을 활용하기로 했다. 물 마시러 가는 길목에 요가매트를 깔아두고 물이 다 받아지는 동안 '사이드 런지'를 주로 한다. 앞서 양치질 할 때와 같이 허벅지 순환과 허벅지 안쪽 근육도 함께 단련하기 위해서다. 이런 식으로 하면 물 8잔(약 250ml*8=2리터)을 챙기는 동안 하체운동 타임을 즐길 수 있고 물도 자주 잘 챙길 수 있다. 일석이조 아니겠는가?

물 받을 동안 하는 것이기에 부담없다. 이렇게 틈새운동을 이어가면 아무리 바빠도 운동 습관을 들이는 것이 가능하다.

Q - 1 일상으로 반복하는 행동은 무엇이며,
그 행동 바로 뒤에 붙이고 싶은 운동 습관은 무엇인가?

반복하는 행동을 먼저 적고, 붙이고 싶은 운동 습관을 차분히 생각하자. 적었다면 바로 실천하자. 단, 지속 가능해야 하기에 쉽고 재미있는 운동을 하는 것이 좋다. 그리고 우선은 한 가지만 하자.

지속 가능한 습관 만들기- 독서

몰입의 힘. 우리는 익히 안다.

몰입은 사전적 의미로 "무언가에 흠뻑 빠져 심취해 있는 무아지경의 상태"이다. 몰입의 경험은 마감 시간이 정해진 일이 있을 때 그 빛을 발한다. 나는 새벽 타임 독서할 때 30분 타이머 설정을 해놓고 독서를 시작한다. 점점 줄어드는 타이머를 바라보며 더 몰입해야겠다는 의지를 다진다. 몰입이 주는 그 상태는 심장 쫄깃하며 오줌 마려운데 참는 그 느낌이 화악 올라온다. 30분 시간만 딱 주어졌기에 '초몰입'의 독서가 가능해진다.

짧다면 짧은 시간, 몰입하면 좋은 점은 무엇일까? 독서를 예로 들면, 280페이지 분량의 책이 있다고 해보자. 1주 동안 1권을 목표로 한다면 하루 40페이지를 읽으면 된다. 30분 타이머 설정 초몰입독서에 들어가면 15페이지 안팎으로 읽게 되는데(책마다 다르지만 현재 읽는 나의 책의 경우) 나머지 25페이지는 틈새독서로 시간을 쪼개서 읽어도 되고 또 30분을 타이머 설정해서 완성해도 된다. 30분, 별거 아닌 시간 같아도 몰입하면 대단한 시간이 된다. 기억도 더 잘되고 분

량 체크도 잘되는, 아주 효율적인 독서를 할 수 있는 시간이다.

지금 이 글을 쓰고 있는 시간에도 나는 타이머 30분을 설정했다. 글을 써본 사람이라면 공감할 것이다. '그다음 줄에 뭐라고 써야 하지?' 하고 생각만 하다가 시간만 흘려보내는 경우가 많을 것이다. 타이머를 설정하면 글쓰기에 더 집중할 수 있어서 쓰다가 막히는 경우도 드물다. 지금 나의 시각을 체크하니 1분 33초밖에 안 남았다. 얼른 A4 한 페이지를 써서 마감해야 하는데……. 이 두근두근한 순간에 뇌를 거치지 않고 그냥 막 써내려간다. 그래야 어쨌든 글쓰기를 완성할 수 있기 때문이다. 어쨌든 써내려간 이 시간 후에 찾아오는 뿌듯함을 아는가? 고민만으로 시간을 보내는 것과 타이머에 맞춰 어쨌든 써내려가는 것. 결과의 차이는 크다.

방금 알람이 울렸다. 어쨌든 썼다.

"캬오!!"

아날로그 손목시계가 도착했다. 솔직히 고백한다. 요즘 스마트폰 사용이 급증하면서 불필요한 인터넷 검색이 늘었다. 연락도 안 왔는데 자주 폰을 들여다보고, 자기 전 휴대폰 사용으로 질 좋은 수면에도 나쁜 영향을 주었다. 특단의 조치를 취했다. 분명 휴대폰은 우리 삶을 풍요롭게 해주고 편리하도록 도와준다. 하지만 불필요한 사용은 시간을 낭비하게 만들고 초조함과 불안을 안긴다. 자야 할 시간까지 잡아먹는다.

나는 안 되겠다 싶어 아날로그 시계를 검색했다. 바늘이 다 보이고 타이머 설정도 되면서 알람까지 되는 숫자 시계. 좀 더 자세히 고백한다. 잠깐 시간 확인한다고 스마트폰을 스르륵 열면 어느새 삼천포로 빠지는 경우가 잦았다. 다른 어플 누르기, 알고리즘으로 뜬 뉴스 들여다보기, 광고화면에 뜬 상품 혹해서 클릭하기. 그러다 보면 시간이 훌쩍!

아날로그 시계는 마음에 드는 것으로 샀다. 언제든 차고 다녀야 해서 캐주얼에도, 정장에도 어울리도록 하얀색으로 골랐고, 어느 정도 생활방수가 되면서 나름 패션 아이템도 되는 점을 염두에 두고 골랐다.

나는 이 아날로그 시계를 독서할 때 타이머로 사용한다. 초몰입독서를 돕는 도구로 쓰는 것이다. 손목시계의 타이머를 30분으로 설정한 뒤 시간이 흘러가는 것을 보면 몰입할 시간이 줄어듦을 인지하고 더 독서에 빠져든다. 불필요한 인터넷 검색을 하게 될까봐 스마트폰 시계가 아닌, 손목에 찬 아날로그 시계를 쓰는 것이다. 스마트폰으로 얼마든지 시간 활용을 잘하는 사람도 있지만, 나의 경우처럼 스마트폰에 최면 걸리듯 빠지는 사람이라면 아날로그 손목시계를 활용해보기를 추천한다. 물론 시곗바늘이 생소하기는 할 것이다. 하지만 돌아가는 시계 분침을 보면 그 생소함 덕분에 오히려 인지가 더 잘된다.

아날로그 시계는 의외의 패션 아이템이 될 수도 있다. 구매에서 손목에 차보면 느낄 수 있다. 나의 경우 패션의 완성은 나의 아날로그 손목시계이다.

지속 가능한 습관 만들기 - 함께 프로젝트

나 자신에게 집중하는 시간도 중요하지만, 내가 어떤 사람들과 함께하고 있느냐도 굉장히 중요하다. 함께하는 다섯 사람의 평균이 '나'라고도 하지 않던가. 즉 사람은 함께하는 무리의 영향을 받을 수밖에 없다.

당신은 성장하기를 원하는 사람인가? 그렇다면 같은 목적과 목표를 가진 사람들과 함께하는 것이 좋다. 그런 사람들과 함께하는 시간은 굉장한 시너지 효과를 일으킨다. 성장하려는 사람들은 부단히 노력하는 사람들이다. 그러한 모습을 옆에서 지켜보는 것만으로도 '나'에게 도움이 된다. 함께하면 서로에게 좋은 자극이 됨으로써 서로에게 도움을 줄 수 있다. 가령 글쓰기를 한다고 했을 때 글쓰기 모임에 소속이 되어 있으면 아무래도 혼자 글을 쓸 때보다 이점이 있다. 끝까지 써나가는 데에 있어 외롭지 않다. 외롭지 않기에 더 힘을 내서 글을 쓸 수 있다. 물론 글을 쓰는 것은 오롯이 자신과의 싸움이지만 함께함으로써 그 싸움을 해낼 수 있는 전투력이 상승한다.

같은 목적으로 모인 사람들은 그 안에서 서로 공감대를 형성하면서 함께 지치지 않고 나아갈 수 있게 응원해준다. 이런 말도 있지 않은가?

"빨리 가려면 혼자 가고 멀리 가려면 함께 가라."

새로운 좋은 습관을 들일 때도 마찬가지다. 나쁜 습관과 달리 좋은 습관을 들이기는 사실 쉽지 않다. 노력을 대가로 치러야 한다. 따라서 같은 습관을 들이고자 하는 사람들이 모이면 노력하기 한결 수월해진다. 모여서 매일매일 실천 인증을 하면 습관 형성에 큰 도움을 받을 수 있다. 요즘에는 오프라인 말고 온라인으로도 강의나 수업, 프로젝트 등을 많이 접할 수 있다.

서울에 살든, 지방에 살든, 해외에 살든 얼마든지 함께할 수 있는 여건이 된다. 단체 채팅방에서 언제 어디서든 의견을 공유할 수 있으니, 배움과 소통의 기회로 삼아보자. 육아에 바쁜 우리 엄마들에게 특히 더 권하고 싶다. 집에서도 뜻이 맞는 사람들과 소통하며 배우고 성장할 수 있기 때문이다. 나는 개인적으로 '따로 또 같이'라는 표현을 좋아하는데, 온라인을 활용하면 '따로 또 같이' 발전하고 성장할 수 있다.

나도 여러 가지 모임에 참여하고 있다. 하나같이 결이 같은 분들과 함께하고 있다. 각자의 성장을 위해 만났지만 함께 성장하는 것을 즐기는 분들이다. 이 속에서 내가 생각하지 못했던 관점을 찾아 나의 성장 요소로 삼고 있다. 서로 응원하며 나아가니 혼자 하지 못하던 일의 완결을 보다 쉽게 이룰 수 있다. 나도 누군가에게 그런 힘을 주고 있고, 그래서 뿌듯하다. 혼자 하면서 잘 안 되는 분야는 함께하자.

함께하는 프로젝트에 참여하는 것도 좋은 방법이다.

함께하는 프로젝트에는 어떤 것이 있는지 내가 운영하고 있는 프로젝트들을 중심으로 소개하고자 한다.

1) 새벽경영 PART : 아침 지배습관 프로젝트, 〈아침스프〉

새벽 시간 동안 몸과 마음의 건강을 함께 챙길 수 있다면 얼마나 좋겠는가? 이 좋은 것을 이루려면 어느 정도 고정 루틴이 요구된다. 그래야만 실행력이 높아지기 때문이다.

나는'새벽 5시 기상＋감사일기＋독서＋운동'을 고정 루틴으로 설정하고 모집 공고를 올렸다. 기수별로 많은 분들이 함께하면서 1년 가까이 이어갔다. 나 혼자 할 때 그 설렘을 함께 느끼며 실천하니 동반성장의 성과를 이룰 수 있었다.

동반성장의 바탕에는 중간중간 서로에게 에너지를 북돋아주는 대화에 있었다. 모두 소통하고 교류하면서 다시금 힘을 얻었다. 나는 이 광경을 지켜보면서 더더욱 새벽 시간이 좋아졌다. 이 좋은 프로젝트의 이름은 '아침 지배습관 프로젝트', 줄여서 '아침스프'이다. 아침에 먹는 수프는 아침 식전, 식욕을 돋구어주는 따뜻한 음식이 아니던가! 우리의 아침이 '아침스프'로 따뜻해지기를 나는 바랐다.

2) 마음경영 PART : '나'를 찾는 여정, 〈주부마음혁명〉

2년 전, 엄마로서 제2의 인생을 살게 되었지만, 여전히 답답함이 풀리지 않던 그때, 끊임없는 나와의 질문을 통해 답을 찾았다. 그리고 그 순간부터 제3의 인생을 살게 되었다. 그때 기쁨은 이루 말할 수 없었다.

삶의 환경을 바꾸려면 마인드를 재세팅하는 것이 우선이다. 마음이 모든 것의 근본 원인이다. 그런데 마인드를 어떻게 세팅해야 하는가? '내'가 마음을 선택할 수 있다는 확고한 신념을 갖고 '마음 보기-선택'을 연습하면 된다. '내' 삶을 밝게 그려줄 마인드를 그때그때 설정하는 것이다. 나의 삶도 그렇게 성장했다고 확신한다. 나는 이 확신을 힘들어하고 우울해하는 엄마들과 나누고 싶어서 프로젝트를 만들었다.

모집공고의 내용의 첫 줄은 다음과 같다.

다짜고짜 질문합니다.

우울하십니까?

삶에 대한 희망이 보이지 않으시다고요?

아이 키우며 제3의 인생, 진정 나의 삶도 살고 싶으시다고요?

'마인드체인저'가 우리 주부들과 함께하겠습니다.

육아하며 내 꿈 찾기!

여러분은 생각한 대로, 선택한 대로 살아갈 수 있습니다.

다짜고짜 던진 요청에 엄마들은 뜨거운 반응을 보여주었다. "내 마음을 어떻게 알았냐?" 하며 참여하면 정말 성실히 프로젝트에 임하겠다고 적극 참여의사를 밝혔다. 우리 엄마들이 아이들 '육아'를 하면서도 '나'로서의 삶도 얼마나 열망하고 있는지 실감할 수 있었다.

참여한 엄마들은 다양한 목적을 갖고 있었다.

삶의 목표와 방향성을 찾고 싶어서,

마음이 불안하여 마음 편히 살고 싶어서,

육아로 지쳐 내 시간을 찾고 싶어서,

'엄마'로서뿐만 아니라 '나'로서의 삶도 살고 싶어서,

행복한 삶을 꿈꾸어서,

남편과의 사이를 회복하고 싶어서…….

'주부마음혁명'에 참여한 엄마들 중에 이런 분이 계셨다. 남편과의 사이가 좋지 않고, 육아와 나의 삶에 균형을 이루고 싶은데 모든 게 어렵고 답답하여 신청하게 되었다는 분이었다.

나는 그분께 처음부터 이렇게 말씀드렸다.

"한 달 후에 만나고 싶은 모습은 어떤 모습인가요?"

"당연히 지금 현재 처한 상황이 좋은 방향으로 흘러가는 것이지요."

"그렇다면 그 이미지(그림)를 항상 떠올리고, 그 방향으로 나아가는 생각들을 선택하세요!"

"네!"

얼마나 간절하셨는지 반문이나 질문도 없이 무조건 알겠다고 하셨다. 나는 그분께 매일매일 스스로 답을 내릴 수 있는 질문 과제를 드렸고, 그분은 성실히 참여하여 답을 제출했다. 그렇게 한 달이 지난 뒤 후기를 남기셨다.

"마인드체인저님! 정말 감사합니다. 저는 이 모든 게 가능해질지 몰랐어요. 풀리지 않을 것 같던 일들이 정말 생각하는 대로 이루어질 수 있네요! '주부마음혁명'을 통해 알게 되었어요! 정말 감사해요. 남편과의 사이도 좋아졌고, 전보다 행복한 육아를 하게 되었어요. 더 큰 것은, 정말 사는 것 자체에 진심으로 감사하게 되었어요!"

사실 나, 마인드체인저는 답을 찾아드리는 사람이 아니다. 그저 조력자일 뿐이다. 나는 그분이 원래 자신에게 있던 마음 빛을 스스로 되찾을 수 있게 옆에서 도와드렸던 것이고, 그분은 자신의 힘으로 마음 빛을 찾은 것이다.

우리는 삶의 문제에 부딪쳤을 때 그 해결의 실마리를 어디 특별한 곳에서 찾을 수 있다고 생각하는 경향이 있다. 그래서 굉장히 어려울 거라 지레 겁을 먹기도 한다. 하지만 해답은 자신에게 있다. 자신이 원하는 모습을 수시로 마음속에 그리고(마음 보기), 그 모습으로 나아가는 마음 방향을 그때그때 설정(선택)해주면 된다. 답을 찾을 수 있다. 어렵다고만 말하면, '어렵다'에서 끝난다.

우선 필요한 건 질문이다. 질문을 통해 자신의 마음을 볼 수 있다. 그리고 보이는 마음을 선택하는 것이다. '내' 안에 답이 있음을 스스로가 느낀다면 그때부터는 '내' 안에 무한한 가능성이 있다는 사실에 감사하고 또 감사하게 될 것이다.

당신이 한 생각의 선택이 당신의 삶의 방향을 좌우한다.

Q-1 당신이 평상시 주로 하고 있는
대부분의 생각은 어떤 생각인가?

Q-2 당신은 생각을 스스로 선택할 수 있다고 믿는가?

Q-3 당신이 그린 인생의 이상적 그림은 어떤 모습인가?

TIP 습관을 들이기 위한 단계

1단계: 생활 속에 넣고 싶은 좋은 습관을 정하고 '의식적'으로 행하는 시기. 노력이 필요한 단계

2단계: 의식적으로 행동을 반복하는 시기. 의식적 반복이기에 같은 목적을 가진 사람들과 '함께하면' 좋다!

3단계: 반복함이 자연스러워지는 시기

4단계: 아침에 일어나서 화장실 가듯, 저절로 양치질하듯이 무의식적으로 자연스럽게 행동하는 시기

4단계에 이르러서야 습관이 만들어졌다고 이야기할 수 있다. 습관은 하루아침에 만들어지지 않는다.

단, 자연스럽게 행동해서 습관이 들었다 해도 갑자기 시들해지는 순간이 온다. 그때는 다시 2단계로 돌아가 '함께'의 힘을 느껴보자.

내 생각,

내가 하는 말,

내가 하는 행동,

모든 것이 어우러지고 반복되고 축적되어 습관이란 것이 만들어진다.

이 습관이 곧 내 인생을 만든다.

TIP 습관을 잘 들이기 위한 요령

1) 들이고자 하는 습관 목록 자체에 거부감이 없어야 한다. 즉 괴리감이 크지 않아야 한다.

2) 나를 성장시키는 습관이어야 한다.

3) 크게 생각하고 작게 시작하라.

　　예를 들면, '운동으로 건강을 챙기는 사람'이 되기 위한 습관들이기 전략이라면, 가장 쉬운 운동인 '걷기'나 '스트레칭'부터 시작해보는 것이다. '외출하고 돌아오면 엘레베이터 대신 계단 오르기' 또는 '하루 5분 스트레칭' 이런 식으로 작게 시작해보자.

4) 그 습관을 통해 만날 나의 미래를 미리 그리며 전진한다.

5) 중간에 며칠 행동하지 못하더라도 그전까지의 실천 사항을 칭찬

하고 독려하며 나아간다.

chapter 6

우리는
윈윈하는
가족

두루미를 꿈꾸는 주말부부

현재 남편과 나는 주말부부이다. 시기별로 이동이 잦은 직업을 갖고 있어 근무지와 집의 거리가 좀 있다. 남편은 평일에도 올 수 있는 시간이 되면 오긴 하지만 주말에 대부분 오는 편이다. 집에 온 남편에게 어느 날 책 한 권을 불쑥 내밀었다.

"여보, 나 이 책 쓰신 작가님 직접 만났는데, 글쎄 여보한테 사인을 해주셨어. 한번 봐봐. 거기 여보 이름 적혀 있지?"

사연은 이러하다. 그 무렵 남편은 감사일기 쓰기를 실천하고 있었다. 내가 남편에게 내밀었던 그 책의 이름은 이진희 작가의 《나를 살리는 감사의 기적》이었다. 남편이 밑줄 쫙, 메모를 빼곡히 적어 가며 열심히 읽은 책이다. 그래서 나를 깜짝 놀라게 했던 책이다. 나는 그 책을 남편의 이름으로 작가의 사인을 받아다가 준 것이다. 그 책을 인상 깊게 읽은 남편은 실천으로도 옮기고 있었다.

그 일을 계기로 나는 좋아하는 작가님들 강연에 참석할 때마다 책을 2권씩 사서 들고 갔다. 하나는 내 것, 하나는 남편 것! 책을 안 읽는 사람에게 책 읽어라 읽어라 강요할 필요는 없다. 그저 내가 직접 뵌 작가님에 대한 이야기, 작가님이 남겨준 메시지나 사인 등이 강요보다 훨씬 효과적이다. 우리 남편에게도 이 효과는 통했다. 남편과 나는 그렇게 같은 책을 읽으며 소통하기 시작했다. 주말부부라 몸은 떨어져 있지만 책을 통해 함께 생각할 거리들을 만들고 함께 실천할 이야기들을 찾았다.

"여보, 여기에서는 이 점이 배울 점인 것 같아."

"그래, 맞아. 참! 오늘 감사일기 썼어?"

남편과 이런 대화를 자주 나누게 되면서 사이도 더 돈독해졌다.

요즘에는 서로 아침러닝 인증사진을 주고받는다. 남편은 출근 전 트레드밀 위에서 뛴 사진, 나는 아침러닝하며 뛴 사진.

오늘은 어제보다 1km를 더 뛰었네.

속도를 엄청 빠르게 해서 달렸네.

이렇게 아침 '굿모닝' 톡으로 서로 운동 진행사항도 확인해주며 하루 시작을 응원해준다.

주말에 남편이 오면 함께 러닝과 등산을 즐기기도 한다. 어느 날 함께 새벽러닝을 하는데 아무도 없이 고요한 길을 달리고 있었다. 그런데 우리가 달리는 강 옆으로 두루미 두 마리가 날아왔다. 그것을 보고 나는 남편 손을 잡았다. 며칠 전 딸내미와 함께 달릴 때에도 두루미 한 마리를 발견했었고, 그때 두루미의 의미를 인터넷으로 검색해서 찾아보았던 차였다. 두루미 두 마리는 우리 부부에게 더 특별한 의미로 다가왔다. 잡은 손을 위로 뻗으며 남편에게 이야기했다.

"여보! 두루미다. 그것도 두 마리! 특별하지 않아? 두루미는 무병장수, 불로장생의 의미래! 우리 삶은 대박이다. 그렇지? 여보랑 내 삶은 대박이야! 건강하게 잘 살자."

나는 '건강하게 잘 살자'라는 부분을 크게 외쳤다. 아무도 없이 우리 부부 둘뿐이니 이날은 마음껏 외쳐도 되겠지 싶었다. 남편은 그런 나를 보며 좋은 건지 어쩐 건지 모를 웃음을 피식 뱉었지만, 그래도 좋았다. 나는 그런 남편을 보면서 속으로 파이팅을 외쳤다.

'여보, 뛸 때마다 느끼는 거지만, 혼자 달려도 좋고 함께 달려도 좋다. 그렇지? 그게 인생인가?'

삼십대 후반 일을 시작하면서 맞벌이의 의미를 되새겼다. 맞벌이를 하면 새로운 과제가 주어진다. 우선 일과 양육 둘 다 해내야 한다. 또한 일에서 성과를 내려면 내가 먼저 성장해야 한다. 그래서 남편과 나는 서로 필요한 공부를 위해 아낌없이 응원해주기로 했다. 진정한 성장친구가 된 것이다.

"여보, 요즘 이 기술이 필요해. 공부해야겠어. 그럼 어떤 책이 필요할까?"

우리 부부는 서로에게 이런 자문을 구하고, 서로에게 도움이 될 만한 책을 추천한다. 필요한 강의 일정을 검색해 공유하기도 한다. 서로 떨어진 상태에서도 남편과 나는 그렇게 함께 성장하고 있다.

스스로 성장하는 아이들의 이야기

코로나가 잠잠해져서 오랜만에 아이 축구교실이 오픈했다. 아이와 함께 손잡고 갔다. 날은 맑고 푸르렀지만, 뜨겁다. 멀리서 아이가 공차는 모습을 바라본다. 잠시 지켜보니 아이가 의기소침한 모습이다. 축구교실이 끝나고 집으로 돌아오는 길에 물어보았다.

"수종아, 무슨 일 있었어?"

"공을 잘 못 찼어. 그랬더니 옆 친구가 뭐라고 막 화냈어."

"그랬구나. 속상했어?"

"응. 나 축구교실 안 다닐래."

"에고, 우리 수종이 정말 속상했구나. 그런데 그건 열심히 볼을 차려고 노력한 거잖아. 사실 축구하면서 골을 넣고 싶은 마음 때문에 친구들이 순간순간 화를 낸 거지, 수종이가 미워서 그런 건 아니야. 수종이도 게임할 때 너도 모르게 욕 나올 때 있지? 그때랑 감정이 비슷하다고 할까?"

아이는 그때 자신의 감정과 친구의 감정을 비교 중이다.

"사실 친구들 중에 나에게 예쁘게 말하는 친구도 있지만, 안 예쁘게 말하는 친구도 있어. 근데 오늘의 경우도 그런 경우야. 수종이 축구 끝나고 나올 때 보니까 어떤 한 친구가 수종이 어깨 토닥토닥하던데, 그 친구는 누구야?"

"같은 반 친했던 친구. 나랑 정말 친했어! 그래서 같이 잘 놀았던 친구야."

자신을 위로해주고 다독여준 친구 이야기를 하자 얼굴빛이 밝아진다.

"그랬구나. 맞아, 그런 친구 말이야. 안 좋게 말하는 친구가 있는 반면 그렇게 내 마음도 함께 위로해주고 다독여주는 친구도 있어."

아들의 얼굴빛이 조금 더 밝아진다.

"엄마도 살다 보면 그런 사람 있어. 모두가 엄마에게 친절하게 얘기하지는 않아. 때론 나쁘게도 이야기하는데, 엄마는 속으로 이렇게 생각해. '난 저렇게 행동하지 말아야지!' 하고. 수종이도 생각해봐."

"무슨 생각?"

"수종이는 수종이처럼 그런 상황을 겪은 친구에게 뭐라고 말해주는 친구가 되고 싶어?"

"음……. 나에게 예쁘게 말해주는 친구처럼……."

"그래! 그렇게 하면 되는 거야. 안 좋은 상황에서는 '나라면 어떻게 할까?'를 배울 수 있어. 그리고 쓴맛 주는 친구도 있고 단맛 주는 친구도 있는 거야. 오늘은 쓴맛을 봤는데, 하루 기분 좋게 단맛으로 마무리해볼까?"

수종이의 손을 이끌고 함께 마트로 향했다. 먹고 싶은 아이스크림

하나에 누나들 것까지 기분 좋게 하나씩! 또 가족이 다 함께 먹을 '엑셀런트' 아이스크림까지 골라 집으로 돌아왔다.

단맛을 본 아들이 말했다.

"엄마, 나 다음 주에는 아빠랑도 축구교실 갈 거야."

그렇다. 아이들이 낙담이나 좌절의 상황이 올 때 부모가 그 상황을 다르게 바라볼 수 있는 관점을 심어주는 것은 어떨까? 그런 역할을 맡을 사람, 바로 부모다. 이 경험을 기회로 삼을지, 낙오로 삼을지는 전적으로 아이의 선택이지만, 좋은 기회로 삼아 나아갈 수 있게 발판을 마련해주는 것은 부모. 부모가 조금만 도와주면 아이는 그것을 잘 넘어선다.

사실 그렇다. 나 또한 인생을 살면서 나에게 좋은 말만 해주는 사람만 만나지는 못한다. 때론 내 행동을 나무라는 사람, 생각이 다른 사람, 상처 주는 사람 등 다양하다. 그 다양함 속에서 느끼는 건 사람 각 개인이 바라보는 시각이 다 다르다는 것이다. 다르기에 늘 한쪽으로 치우친 의견만 존재할 수 없는 것이다. 그것만 잘 인지한다면 한 가지 상황 속에 침몰 되는 경우는 없을 것이다.

"수종아, 다음 주에는 우리 작은 목표를 하나 갖고 축구교실 가볼까? 꼭 골을 넣지 않아도 돼. '드리블 2번 정도', '패스 2번 정도', 이런 식으로 말이야. 그러면 '내가 얻을 수 있는 작은 목표들'로 더 재밌게 축구를 즐길 수 있을 거야."

수종이는 내 말에 오케이했다.

《푸름 아빠의 아이를 잘 키우는 내면여행》이란 책에 이런 말이 나온다.

아이가 도전에 실패했을 때에는 무조건 칭찬하지 말고, 아이가 도전목표를 낮추어 차근차근 올라갈 수 있도록 부모가 옆에서 도와주어야 해요. 그리고 아이가 차근차근 올라갈 때마다 진심을 담아 칭찬해주세요. 칭찬은 아이가 새로운 것에 도전하고 올바른 행동을 할 수 있도록 해준답니다.

두루뭉술한 칭찬보다는 아이에게 도전 가능한 구체적인 목표를 세워주는 것이 더 낫다는 말이다. 그것이 아이의 성장에 더 도움이 된다는 뜻이다. 나는 골 넣기에 실패한 수종이에게 낮은 목표를 제안했고 수종이는 그것을 받아들였다. 그러면서 더 의욕을 불태웠다. 축구교실 쓴맛 사건은 그렇게 달콤하게 막을 내렸다.

하루는 집에 떡볶이와 어묵이 있어 수종이와 함께 떡볶이를 만들었다. 양념은 고추장과 설탕, 물엿, 간장만 있으면 끝! 아이가 한번 만들어 보더니 다음 날도 그다음 날도 떡볶이를 만들어 보겠다고 한다. 첫날은 내 손길이 어느 정도 들어갔는데, 혼자 해내겠다고 하니 내심 기대 반, 걱정 반이었다. 그러나 수종이는 결국 해냈다.
"엄마! 짜잔!"
"와, 맛있겠다!"
누나들도 다가와 막내 동생이 만든 떡볶이를 먹었다.

"수종이가 만든 떡볶이 정말 맛있다!"

둘째가 옆에서 말했다.

"엄마, 내일은 내가 해볼래!"

아무래도 막내에게 자극을 받은 듯하다. 좋은 자극은 선의의 경쟁 의식을 일으킨다. 선의의 경쟁은 동반성장에 밑거름이 된다.

아이들은 부모가 조금만 옆에서 조력해주면 스스로 도전해보고자 하는 욕구를 갖는다. 그리고 기어이 하고 만다. 떡볶이 요리에 내가 일일이 다 간섭했다면 수종이도 아마 흥미를 잃었을지 모른다. 스스로 요리에 도전하는 기쁨을 누릴 수 있도록 돕기. 부모의 역할은 그것이면 족하다. 그 정도면 아이는 혼자 힘으로 한 걸음 더 나아간다.

동생에게 자극받은 둘째도 결국 떡볶이를 해냈다. 그 후로 나는 냉장고에 떡볶이와 어묵만 사서 넣어놓으면 그뿐, 그다음부터는 아이들에게 맡긴다. 첫째 날, 둘째 날 다른 맛이 나지만 아무렴 어떤가? 스스로 해냈다는 점에 더 크게 박수쳐줄 일이다.

어느 날, 막내에게 물었다.

"최 셰프님! 다음엔 어떤 요리를 해주실 건가요?"

표정을 보니 곰곰이 생각해보는 눈치다.

아들은 요리할 때는 최 셰프님, 공룡 좋아할 때는 공룡 박사님이다. 참고로 우리 집에는 초등학교 입학 전까지 두 발로 걷다가 가끔 네 발로 기어다니는 공룡 친구가 살았다. 티라노사우루스, 트리케라톱스, 브라키오사우루스, 이구아노돈 등 다양하게 변신했다. 아들 키우는 집은 공감할 듯하다.

최근에는 낚시에 빠져 강태공이 아닌 최태공이 되었다. 이렇게 다양한 호칭을 붙이는 것은 아이가 좋아하는 것을 더 즐길 수 있도록 돕고 싶은 마음에서다.

맏아이는 요즘 만화캐릭터 그리기에 한창이다. 어릴 적 나와 함께 그림책과 디즈니만화를 많이 봤는데, 아이는 책을 읽고 만화를 본 후에는 하얀 종이에 다양한 그림을 그렸다. 그때는 그냥 그리나 보다 했는데, 이제는 자신만의 생각으로 창작해서 그린다. 그런 모습을 본 남편이 최근 마카세트를 사주었다. 웹툰에 나오는 그림처럼 그림에 색까지 입혀 완성도를 높인다. 어느 날은 이런 캐릭터, 다음 날은 저런 캐릭터를 그리는데, 의상과 표정 등에 성격이 드러나게 표현한다.

기억을 더듬어보면 첫째에게는 스케치북, 전지, 종합장 등 종이는 아끼지 않고 사줬다. 여행을 갈 때도, 외출할 때도 엄마와 함께 그렸던 경험들. 아이는 그 경험을 쌓고 쌓아 자신만의 그림으로 확장시켰다. 첫째의 창작 그림을 볼 때마다 아이의 생각이 궁금해진다. 그림은 아이의 상상나래를 펼치는 즐거운 수단이다. 그러한 즐거움을 더 누릴 수 있도록 나는 열심히 응원해준다. 사실 나는 그림에 영 소질이 없는 터라 지도해줄 입장이 아니어서 응원만 맛깔나게 잘해준다.

"수진아! 더 그려도 돼. 종이는 얼마든지 있어!"

별 말 아닌 것 같지만 나는 이 말이 아이에게 큰 힘이 되었다고 믿는다. 아이가 마음 놓고 그림을 그릴 수 있도록 응원해주는 말이기 때문이다.

그런데 요즘엔 종이를 예전만큼 많이 쓰지 않는다. 그림 그리는 어플이 있기 때문이다. 아이는 그림 한 점을 스마트폰으로 뚝딱 완성한다. 그려놓고 마음에 들지 않으면 수정, 보완도 금방 해서 나에게 가져와 보여준다.

"엄마! 어제 그림하고 좀 달라졌는데, 한번 봐주세요. 어디가 달라졌게?"

둘째 아이가 냉장고에서 이것저것 꺼낸다. 요즘 백종원 아저씨의 만화책을 보고 요리에 꽂혔다. 직접 만들어 보고 싶다는 것이다. 아이는 어제 사온 또띠아에 꿀을 바르고 치즈를 뿌려 구워냈다.

"오! 맛있다."

둘째는 엄마의 심정으로 요리를 하는 걸까? 정말 맛있다. 가족들의 반응에는 꾸밈이 없다. 둘째는 이 반응에 흐뭇해한다.

그리고 아빠의 생일이 되었다. 둘째는 직접 생일 음식을 요리해보고 싶단다. 그러고는 멋지게 피자를 구워 아빠의 생일상 한곳에 올린다. 토핑은 좀 부족하지만 최고의 피자다. 아이는 아빠의 생일상에 자신의 피자를 낸 것에 뿌듯해하고 기뻐한다.

"이걸 우리 수호가 만들었다고? 대단하네! 엄지 척!"

남편은 둘째의 그 정성에 감탄하며 칭찬한다. 정말 '엄지 척'이 모자랄 만큼 칭찬받을 행동이다.

요즘엔 달고나 커피가 유행인가 보다. 며칠 전부터 수호는 계속 달고나 커피를 만들어준다고 시도 중이다. 곧 나와 남편은 맛있는 달고나 커피를 마시게 될 것이다.

사실 내가 제일 어려워하는 게 모든 걸 다 가르쳐주는 것이다. 생각하고 만드는 걸 정말 못했던 엄마. 그 부족함을 인정한 상태에서 완벽함을 내려놓고, 아이를 그저 지지하고 응원만 해주면 되었다. 앞서 말했지만 부모의 역할은 그것으로 족하다. 아이는 스스로 해낸다. 실패 속에서 성장하고, 결국 성공한다.

내가 아이에게 해줄 수 있는 말은 이것뿐이다.

"괜찮아. 넘어지면 다시 일어나면 되고, 실패하면 또 하면 돼. 기회는 얼마든지 있어!"

아이들과 소통하는 시간

좋은 엄마가 되고 싶었고, 더 나아가 완벽한 엄마가 되고 싶었다. 하지만 어느 순간 아이들이 원하는 것보다 내 입장에서 아이들에게 부족하다 느껴지는 것들을 자꾸만 채우려 했다. 아이들 어릴 적, 남들이 좋다 하는 조기교육 자료들을 사들이며 아이들을 닦달했던 때가 있었다. 누구를 위해 자꾸만 채우려 한단 말인가?

내 욕심으로 채우려 했던 행동들은 아이도 나도 지치게 했다. 세상에 완벽한 엄마는 없다는 사실을 자각한 뒤 내 욕심을 채우는 교육법 대신 아이가 좋아하는 사랑 표현법을 찾기로 했다. 이제 아이들은 초등학생이 되어 유치원 때보다 친구들과의 시간을 많이 갖고 있다. 따라서 많은 부분을 함께할 수 없게 되었다. 나는 아이들과 얼굴을 마주 보고 손을 맞대기 시작했다. 엄마가 함께하고 있다는 것을 느끼게 하고 싶어서였다.

하루를 시작하는 시간과 마무리하는 시간은 아이들과 화합하는 시간으로 꼭 만들어야겠다고 생각했다. 가족끼리 서로 응원하는 일은 가치 있는 일이라는 것, 스스로 말하고 생각을 표현하는 것은 좋은 일이고 용기 있는 일이라는 것을 알려주고 싶었다. 나는 그렇게 아이들과 하루 동안 소통했다.

그 하루의 소통법을 보다 자세하게 소개한다.

첫째, 아침 등교 시간에 우리만의 구호로 하루의 활력을 충전한다. 아이들 학교가 근거리가 아니다 보니 늘 학원차량을 이용한다. 그래서 나는 같이 나가 배웅하는데, 차 타기 전 우리는 자연스레 오늘도 언제나 그랬다는 듯 손을 모은다. 그리고 외친다.

"사랑, 감사, 용기, 자신감, 파이팅!"

나는 늘 아이들한테 말한다.

"이 네 가지면 어디서든 다 돼. 너 자신에게도, 친구들과의 관계에서도, 학교생활에서도."

그랬더니 아이들은 더 힘차게 사랑과 감사와 용기와 자신감을 외친다.

사랑은 자기 자신을 사랑하는 일이 먼저이다. 타인에게 사랑이 담긴 마음을 표현할 때는 "감사합니다"라는 인사로 한다. 용기는 해보고 싶은 일을 위해 한 걸음 내딛을 때 필요한 것이다. 조금씩 조금씩 용기를 내서 해보면 절로 자신감이 생긴다. 결국 이 4가지는 환상의 조합이었다. 내가 구호로 선택한 이유다.

그런데 때로는 내가 버퍼링이 일어나 이 구호를 까먹을 때가 있다. 그러면 아이들이 이런다.

"엄마! 사랑, 감사, 용기, 자신감이잖아! 또 까먹었어?"

솔직히 고백하면 일부러 까먹은 척할 때도 있다. 아이들을 좀 더 추 켜세워서 잘하고 있다고 칭찬해주고 싶은 타이밍이 있기 때문이다.

둘째, 아이들이 학교에서 집에 들어올 때 두 팔 벌려 안아준다. 하교 후 포옹은 늘 자연스러운 일이 되었다. 집에 돌아온 아이를 안으며 따뜻한 온기를 나눈다. 사랑을 표현한다. 학교에서 어떻게 보면 힘들었을, 어떻게 보면 기뻤을 하루를 기꺼이 함께 나눈다. 내가 설거지하고 있을 때 집에 귀가하는 경우에는 아이가 알아서 주방으로 와 나의 포옹을 기다리기도 하고(몸을 내미는 포즈로), 본인이 알아서 나를 꼬옥 안아주기도 한다. 잠깐의 포옹이지만 우리는 함께하는 힘을 느낀다.

셋째, 자기 전 20분 정도 글 한 줄 읽고 생각 말하기다. 아이들 어릴 적에는 그만 읽자 할 때까지 목이 터져라 계속 책을 읽어주곤 했다. 하지만 이제 삼남매 모두 초등학생이고 더 이상 늦잠을 자기도 어렵다. 서로가 함께 윈윈하려면 일찍 자고 일찍 일어나야 한다. 그래서 생각해낸 것이 짧은 글 한두 문장씩 읽으며 서로의 생각을 공유하는 것이다. 나의 생각을 표현하고 상대방의 생각을 경청하는 시간이다. 참 신기한 것은 똑같은 문장인데도 각자 받아들이는 의미와 해석이 다르다. 신선하면서도 아이의 마음을 들여다볼 수 있는 시간이니 적은 시간이지만 꽤 뜻깊다.

지금까지 소개한 세 가지 소통법은 하루 중 많은 시간을 잡아먹지 않는다. 어려운 일도 아니다. 그러니 꼭 실천해보자. 아이들이 커가면서 함께하는 시간은 줄어들기 마련이다. 물리적으로 줄어든다. 더 늦기 전에 아이들과 함께하는 시간을 의도적으로 마련해보자.

어느 날, 아이들과 둘러앉아 토론을 했다. 삶에 있어 진짜 성공은 어떤 의미일까? 나는 삼십대 후반, 아이들은 각각 열세 살, 열한 살, 아홉 살이다. 그 아이들 입에서 말하는 성공이 궁금했다.

첫째 딸이 말했다.

"엄마! 내 경우엔 진정으로 느끼는 행복, 기쁨 같아. 줄넘기 대결에서 최후 2명 안에 들었을 때, 택배가 오기를 기다릴 때, 먹고 싶은 음식을 시키고 올 때까지 기다릴 때 그런 감정을 느껴."

이번엔 둘째 딸이다.

"나 자신을 믿고 잘 해냈을 때야. 줄넘기 오래 버티기를 했는데, 긴장하지 않고 나를 믿고 중간에 실수하더라도 '끝까지 해내자' 하고 확신했을 때는 1등도 하고 잘 해냈어. 그런데 긴장이 들어간 순간 실력 발휘가 잘 안 됐어."

막내인 아들은 이렇게 말했다.

"태권도에서 승급심사 통과했을 때, 학교에서 달리기 1등해서 우리 팀이 승리했을 때야."

아이들은 아직 대회나 겨루기에서의 승리, 높은 등수에서 성취하는 뿌듯함을 성공으로 정의하는 듯했다. 여기서 나는 배운 것이 있었다. 아이들이 그 안에서, 자신이 의미를 둔 성공 안에서 스스로 노력하고자 하는 마음이다.

아이들은 대회나 겨루기에서 지더라도, 높은 등수를 받지 못하더라도 자신이 어떻게 할 것인가를 점검하고 다음에 더 잘하기 위해 노력할 것이라고 내게 전했다. 기특했다.

엄마에게 전한 각자의 보완법을 여기 소개한다.

첫째 딸의 보완법.

"손놀림을 좀 더 빠르게 하도록 연습할 거야. 타자 연습을 하든가, 폰으로 타자치는 것 연습해야지! 그리고 기다림 속에 행복이 있기에 조급해하지 않고 기다릴 거야. 인내하는 법을 더 배울 거야."

둘째 딸의 보완법.

"경기가 잘되었을 때와 잘 안되었을 때를 비교해보면 잘했을 때는 이 마음으로 했어.'나는 성공할 수 있어. 수호야 너는 할 수 있는 애야. 실수해도 1번의 기회가 더 남아 있잖아'."

막내의 보완법.

"운동 열심히 할 거야. 승급심사도 잘 보려면 태권도 학원에서 열심히 하고, 달리기도 연습해야지! 학교 숙제도 열심히 할 거야."

보완법을 들은 뒤 나는 세 아이 모두에게 물었다.

"그럼 가족이 공통적으로 함께 '성공의 경험'을 갖는 방법엔 무엇이 있을까?"

첫째 딸이 대답했다.

"가족이 안 해본 것 함께해보기."

둘째 딸이 이어서 대답했다.

"이루고 싶고 하고 싶은 것 체험해서 의견 나누기."

마지막은 막내다.

"달리기."

조금 더 이야기를 나누다가 최종적으로 '달리기'로 추려졌다.

"그럼 우리 함께 달리는 것 어떨까?"

아이들도 흔쾌히 오케이를 했다. 최종적으로 우리 가족은 5km 마라톤대회를 함께하기로 마음을 모았다. 당일이 되어 가족이 모두 옷을 맞춰 입고 대회장으로 향했다. 날씨가 좀 추워 스산했지만, 뛰기에 나쁘지 않은 날씨였다.

출발신호가 울리자 승부욕이 있는 막내가 아빠와 함께 앞서나간다. 첫째 딸, 둘째 딸 역시 나와 보폭을 맞춰 뛰다가 둘째 딸아이가 혼자 먼저 앞으로 박차고 나간다. 저 멀리 보이는 아이의 모습이 대견하다. 혼자서도 호흡을 조절하며 뛰고 있다. 첫째 딸아이는 컨디션이 좋지 않아 힘들다고 툴툴댄다. 그 마음 이해한다. 나 또한 달리면서 얼마나 힘들다는 생각을 많이 했던지…… 딸 아이와 달리면서 이런저런 대화를 했다. "우리 뛰고 나서 맛있는 거 뭐 먹으러 갈까?" 하며 먹고 싶은 음식도 말하고 10km 뛰었을 때의 나의 경험도 나누었다. 걷다가 뛰다가 주변 풍경도 돌아본다. 나뭇가지가 앙상해서 벌써 가을이 지나가고 있음을 느낀다. 중간중간 파이팅! 외쳐주시는 어르

신들의 응원에 다시 힘을 내본다. 아이와 엄마가 함께 뛰는 모습, 가족이 함께 뛰는 모습이 흐뭇하셨는지 사진도 찍어주신다. 마지막 피니시 라인에 가까워올수록 딸아이와 손을 잡고 함께 뛰었다. 힘들지만 함께하면 힘듦은 반으로 줄어들 것이기에 서로 의지하며 함께 보폭을 다시 맞춰본다.

핫 둘(하나 둘을 줄여서)

핫 둘

핫 둘

핫 둘

저 멀리 벌써 기다리고 있는 남편, 둘째 아이 그리고 막내. 큰소리로 나와 첫째 아이를 응원해준다. 그 소리를 듣자 동시에 더 힘찬 뜀걸음으로 속력을 내기 시작했다. 그렇게 우리는 피니시라인에 들어왔다. 가족 모두 5km 완주 성공! 가족이 함께 '작은 성공의 경험'을 쌓았다. 서로 서로 잘 해냈다고 손에 손을 모았다.

한 신문 기자님이 우리 가족이 있는 쪽으로 오셨다. 이렇게 다섯 가족이 동시에 마라톤대회에 나온 것은 처음 봤다며 인터뷰 요청을 해주셨다. (사실 다른 가족도 있었는데 우리 가족이 옷을 똑같이 맞춰 입은 터라 더 눈에 띈 것 같다.) 신문기사에 실리진 않았지만 인터뷰 내용을 담아본다.

"가족이 함께 마라톤에 출전하신 이유가 있었나요?"

"사실 저희가 가족이 '공동목표'를 세우고 그것을 함께 이루자고 이야기 했었거든요.

그래서 선택한 게 마라톤이었고 이렇게 완주하게 돼서 기쁩니다. 가족의 공동목표를 함께 이루었다는 점에서 굉장히 뿌듯해요."

인터뷰하면서 가족이 함께하는 취지를 다시금 상기했다.

그렇다. 아이들이 지금 초등학교 시절을 지나면서 가장 부모님과 가까이 있는 시간이 아닌가? 가족이 함께 성취감을 얻는 경험! 응원하고 함께 뛰고 했던 그 경험들이 서로서로에게 든든한 마음빽을 심어주는 귀한 시간이 되었을 거라 생각한다.

어느 날, 아이들에게 물었다.

"서울에 살 때 제일 좋았던 점은 뭐였니?"

아이들이 입을 모아 대답했다.

"그건 바로 엄마랑 단둘이 데이트 했던 거!"

마치 짜기라도 한 듯 엄마와 단둘이 데이트한 것이라는 대답이 나왔다.

아이 셋, 각자 하교 시간이 달랐다. 그때마다 나는 스케줄을 달리해서 한 명 한 명 데이트 시간을 가졌다. 나 또한 삼남매로 자랐기에 엄마와 보내는 둘만의 시간이 부족했다. 그래서 나는 아이들과 단둘이 온전히 대화하면서 사랑을 주고받는 시간을 갖고 싶었다.

집 앞 도서관에는 작은 카페가 있었다. 청소년들을 위한 도서관이라 학생들을 위한 다양한 프로그램을 진행하고 있었고, 카페 음료값이 다른 커피숍에 비해 저렴하고 맛도 좋았다.

먼저 첫째 딸과의 데이트. 하교 후 아이와 도서관에 잠깐 들러 읽을 책을 빌리고, 카페로 가서 함께 읽고 이야기를 나눴다. 아이가 좋아하는 블루베리 스무디, 나는 아메리카노 한잔, 메이플시럽이 얹어 나오는 와플 두 조각을 먹으며. 아이와 나에게 서로 사랑을 충전해주는 꿀 같은 시간이다. 엄마와 단둘이 대화를 나누고, 좋아하는 음료와 간식까지 먹는 이 시간. 아이는 이 얘기 저 얘기 폭포수처럼 쏟아냈다. 그동안 할 말이 정말 많았다는 듯한 기세다.

이튿날, 둘째 딸과 데이트 하는 날.

"엄마! 언니는 어디에서 먹었어?"

"응, 우리 집 앞 도서관 카페!"

"음, 그럼 나는 그 앞 빵집으로 빵 먹으러 갈래."

"좋아."

둘째는 엄마와 빵 데이트를 하고 싶단다.

학교를 마친 둘째와 만나 도서관에서 책을 빌리고, 먹고 싶은 빵을 샀다. 먹을 곳이 마련되어 있는 위층으로 향했다. 지하철역 근처라 2층에서 내려다본 전경에 우리 집 근처가 한눈에 들어왔다. 아이와 학교생활, 친구 관계, 하고 싶은 일 등 다양한 이야기를 나누면서 달콤한 빵을 한입 베어 물었다. 아이는 기쁨에 가득 차 이야기를 술술 꺼냈다. 나는 맞장구치며 몰랐던 아이의 마음을 읽는다.

그 후 춘천으로 이사를 왔다. 막내가 유치원을 다니던 시절이다. 막내는 유치원 앞에 있는 김밥집을 참 좋아했는데, 특히 속이 꽉 찬 김밥과 잔치국수를 좋아했다.

아이는 일주일에 한 번쯤은 유치원 차를 안 탈 테니 엄마가 데리러 오라고 했다. 나는 아이의 마음을 들여다보고 아이의 제안을 수락했다. 엄마랑 맛있는 거 먹으며 데이트하고 싶은 심정을 모른 체할 수 없었다.

내가 데리러 가기로 한 그날, 아이를 김밥집으로 데려가 잔치국수와 김밥을 시켰다. 이런저런 이야기를 나눴다. 아이는 즐거워했다. 나는 더 바랄 게 없었다.

유치원 때 함께한 그 좋은 기억 덕분에 막내는 초등학교 가서도 엄마와의 데이트를 즐겼다.

내가 학교 앞에 갈 일이 있으면 "엄마! 오늘 나랑 데이트 어때?" 하고 먼저 데이트 신청을 하기도 했다. 물론 내가 먼저 "아들, 오늘 엄마랑 데이트할까?" 하고 묻기도 했다. 둘만의 데이트는 우리 모두에게 즐거운 시간이었다.

시간이 흘러 아이들이 더 자라도 나는 '아이들과의 1:1 데이트'를 계속하고 싶다. 눈을 마주치고 고개를 끄덕이며 그 시간을 함께한다는 것. 아이들에게도, 나도 뜻깊고 소중한 시간이다. 셋이 다 같이 있을 때 꺼내놓기 어려운 이야기를 나눌 수 있다는 것도 참 좋다.

워킹맘으로서 일을 시작한 지 몇 개월 안 된 때였다. 어느 날 둘째가 나에게 다가와 조용히 한마디 건넸다.

"엄마! 나 할 말이 있어요."

"응? 뭔데?"

"우리 데이트 좀 하자!"

"어? 데이트? 그래, 알았어."

둘째와 집 앞 빵집으로 향했다.

"수호야, 갑자기 엄마에게 데이트 신청을 한 이유가 뭐야?"

"엄마가 너무 바빠서……. 사실 나름 용기를 낸 거야. 엄마랑 시간도 같이 보내고 싶고, 엄마가 일이 바쁘니 힘들어 보여서 좀 쉬게 해주고 싶은 마음도 들었어."

"에고, 그렇게 깊은 뜻이 있었구나? 고마워, 엄마 생각해줘서!"

아이들과 내가 나누는 데이트. 그 '데이트'라는 단어에는 '사랑'이라는 단어가 들어 있다. 엄마를 위해 용기 내어 데이트 신청해준 작은딸의 사랑을 무엇에 비유할 수 있을까?

멀리 떨어져 살고 있는 아빠와 아이들이 매일매일 얼굴 보며 소통할 수는 없다. 그래서 서로 교감하고 나눌 수 있는 방법을 고민해보게 되었다.

'가족 소통방'을 만들고 '감사 릴레이'를 하는 것이다. 카카오톡 단톡방을 통해 아침에 일어나자마자 '굿모닝' 인사를 서로 나눈다. 그다음 감사 릴레이를 시작한다.

우리는 총 3가지 감사할 것을 적기로 했다. 이 3가지 감사를 통해 아이들이 어떤 것에 감사하고 있는지, 나는 어떤 것에 마음을 쏟고 있는지, 남편은 어떤 감정의 상태인지, 어떻게 지내고 있는지 등을 엿볼 수 있다.

이해를 돕기 위해 맏아이의 감사 릴레이를 소개한다.

첫째 딸의 감사 릴레이

1) 오늘 그림을 그리는데 주름(인물묘사)을 조금 터득하게 되어서 감사하다.
2) 오늘 아이스크림 가게에서 사온 스무디와 아이스크림을 맛있게 먹을 수 있어 감사하다.
3) 아침에 햇볕을 받으며 일어나서 기분이 좋아 감사하다.

나는 첫째 딸의 감사 릴레이를 보고 이렇게 칭찬했다.

"오늘 수진이는 그림 실력이 더 향상했구나. 노력하는 과정을 즐기는 우리 딸 멋져!"

감사 목록에서 칭찬할 것을 발견하고 칭찬할 수 있다.

가족 소통방 감사 릴레이를 통해 느낀 점

1) 우리는 멀리 떨어져 있지만 마음만은 늘 함께하고 있음을 느낀다.

2) 보고 싶은 아빠에 대한 아이들의 마음을 소통방에 내어놓음으로써 멀리 있어도 곧 만날 수 있다는 희망을 느끼게 한다.

3) 하루를 기쁘게 가족이 화합하며 시작할 수 있다.

4) 가족 소통의 문을 여는 시작이다.

5) 한 명씩 돌아가며 이야기를 건넬 수 있다.

함께 추억을 쌓는 가족

남편은 자연을 참 좋아한다. 자연을 벗 삼아 아이들과 마음껏 뛰어논다. 그 안에서 '쉼과 놀이'를 찾고 즐길 줄 아는 사람이다. 요리도 좋아해서 남편이 해주는 음식 먹는 즐거움이 있다. 그 모든 걸 아우를 수 있는 게 바로 캠핑이다.

집 근처에서 처음 시작했던 우중(雨中) 캠핑을 시작으로 남편은 점점 필요한 장비를 사들였다. 지금 베란다 한 켠에 캠핑 짐이 한가득이다. 예전에는 캠핑가자 노래 부르는 남편을 이해할 수 없었다. 짐도 많이 챙겨야 하지, 가서 텐트 쳐야 하지, 끝나면 걷어야 하지, 집에 와서 또 정리해야 하지……. 귀찮아서 뭐하러 하나 하는 생각을 많이 했었다. 그런데 한두 번 다녀온 뒤로 생각이 바뀌었다. 나는 힐링이 무엇인지를 깨달았고, 캠핑에 매료되었다.

어느 순간 우리 가족은 일 년 내내 캠핑을 다니게 되었다. 사계절마다 느낄 수 있는 자연의 그림이 다양하기 때문이다. 짐을 가득 싣고 목적지로 향했다. 본 목적지를 선택한 데에는 이유가 있다. 계절마다 다른 산의 모습을 느낄 수 있는 곳이다. 드넓어서 아이들이 뛰어놀기에도 좋고, 조랑말과 토끼, 큰 개도 있어서 미니 동물원에 와 있는 듯한 기분도 든다. 가을이 되면 밤송이가 달려 떨어진 밤도 줍고, 저녁에 모닥불에 밤을 구워서 먹기도 한다.

이렇게 여러 가지 즐거움이 있는 곳에서 해프닝도 있었다. 생선 네 마리를 내일 아침에 구워먹자고 야심차게 다짐했는데, 아침에 보니 네 마리가 홀라당 사라져버린 게 아닌가? 남편과 나 둘 다 텐트 안에 넣어놓았다고 생각했는데, 착가이었다. 고양이가 밤새 양식으로 챙겨간 것이다. 남편과 나 동시에 서로를 쳐다보며 키득거렸다.

"그래. 잘됐지, 뭐."

고양이에게 풍성한 식탁을 마련해준 셈이니 잘된 것이다.

겨울의 추억을 하나 꺼내본다. 살 떨리게 추웠던 겨울로 기억한다. 나는 안에 얇은 옷을 겹겹이 입고 롱 후리스와 롱 패딩까지 걸쳤다. 주변에 온 캠퍼가 아무도 없던 캄캄한 밤, 화장실을 오갈 때 잠시 쳐다본 밤하늘은 쏟아질 것 같은 무수한 별들로 가득했다. 숨을 한번 들이마셨다가 내쉬니 하얀 입김이 선명했다. 꽁꽁 언 바닥을 조심조심 걸어 화장실에 다녀오니, 아이들은 따뜻한 침낭 속에 들어가 노트북으로 영화를 보고 있었다. 남편은 참치회를 직접 썰어 내 입에 넣어주었다. 밤에만 켤 수 있는 조명도 은근히 틀어놓고 가족과 그 밤을 즐겼다.

캠핑에서 얻을 수 있는 건 바로 이것이다. 가족과 한자리에 머무르며 함께 살을 맞대는 것. 캠핑장에서의 먹거리가 충분치 않기 때문에 주어진 음식에 대한 감사함. 도심에서는 느낄 수 없는 멋진 자연을 접하는 일. 감사거리가 많은 캠핑은 우리 가족에게는 큰 기쁨이고 삶의 선물이다.

3년 전, 한여름에는 남양주 쪽에 위치한 캠핑장을 간 적이 있었다. 혀를 내두를 정도로 더운 날씨였다. 시원한 에어컨 바람이 나오는, 편히 잘 수 있는 호텔 놔두고 또 캠핑을 가냐며 주변 지인들의 놀람을 뒤로하고 간 곳이다. 남편과 나는 에어컨 대신 서큘레이터 하나를 구입해서 갔다. 선착순 입장이라 미리 데크 예약을 하지 않은 상태여서 우리의 자리는 복불복이었다. 도착하자마자 자리를 배치받는데, 다행히 다른 데크와 떨어져 바위 뒤쪽에 있는 곳에 자리를 잡을 수 있었다. 그늘도 있고 물소리도 나는 곳이라 시원했다. 아이들을 수영장에서 놀게 하고 텐트를 치기 시작했다. 땀이 비 오듯이 흘렀다. 시원함을 느끼고자 여름 노래를 틀어놓았다.

"해변의 여인~ 야야야야 바다로~"〈해변의 여인〉

"하늘은 우릴 향해 열려 있어"〈여름 안에서〉

"나의 바다야~나의 하늘아~"〈바다〉

이렇게 1990년대 노래를 반복재생했다.

남편과 나는 고등학교 동창이라 이럴 때 둘이 케미가 잘 맞는다.

우리는 춤추는 것을 좋아해서 같이 여름 노래에 맞춰 춤도 추었다. 그렇게 텐트를 다 친 후 아이스박스에 담아온 시원한 캔맥주를 꺼내 나란히 "치얼스"를 외쳤다. 맥주 광고를 찍듯이 벌컥벌컥 들이킨 후 동시에 "캬하! 이 맛이야" 하고 감탄사를 터뜨렸다. 그리고 곧바로 '찌찌뽕'을 날렸다.

이렇게 캠핑장에서의 재미가 톡톡하다. 우리 가족만이 느낄 수 있는 기쁨이다. "더운데 텐트 치는 거 땀나고 고생이야. 안 해"라고 한다면 맛볼 수 없는 행복이다. 겪어보지 못했기에 하는 말이다. 이런 불편함 속에서, 고생 속에서 찾게 되는 행복은 보석처럼 값지다.

이번엔 '차박 여행'이다. 코로나로 인해 여행의 폭이 좁아진 상황에서 선택한 우리 가족의 대체 여행 상품이다.

"여보! 이번엔 가족끼리 차박 여행 어때? 사람 많은 곳 가기도 그렇고 이동하기도 어렵잖아. 우리 가족끼리만 움직이고 자연을 보다 접할 수 있는 곳으로 가자. 음식은 집에 있는 것 가져가면 돼."

나의 제안에 남편은 찬성. 아이들도 찬성.

캠핑을 좋아하지만 코로나로 인해 어려운 상황. 이번에는 가뿐하게 떠났다가 홀가분하게 돌아오고 싶었다. 그래서 차박 여행을 계획했다. 바닷가 항구 쪽, 낚시가 가능한 곳을 택했다. 사람과 접촉이 덜한 곳으로 갔고, 그곳에서 가족만의 힐링을 시작했다. 두 딸은 그림 그릴 것을 가져왔기에 차 뒤 트렁크 문을 열어놓고 바다 전경으로 시원한 바닷바람을 맞으며 그림을 그렸다. 그러면서 각자 좋아하는 음악을 틀어놓고 흥얼거리기까지 했다. 아빠와 아들은 항구에서 바다 낚시 삼매경에 빠졌다. 나는 그동안 부족했던 잠을 청했다.

꿀잠을 충분히 자고 깨어나니 배를 채울 시간이 되었다. 가족 모두 힘을 모아 음식을 함께 준비했다. 해가 저물어 노을이 지면서 생각지도 못한 눈앞의 풍경이 감탄을 연거푸 자아냈다. 바다의 짠내도,

바닷바람도, 갈매기의 끼룩끼룩 소리도 동시에 어우러지는 그 조합이 참으로 좋았다.

수종이가 말했다.

"엄마! 어떤 분이 물고기를 잡아서 낚싯대를 끌고 오는데 어디서 갑자기 고양이가 확 튀어나온 거 있지? 고양이가 그 물고기를 낚아채려는 거야. 근데 고양이가 점프하다 물에 빠질 뻔해서 먹지도 못하고 도망갔어. 그 물고기도 도망가고. 그걸 보고 주인분이 뭐라 했게?"

"뭐라고 하셨을까?"

"잡아채서 먹기라도 하지. 물고기도 도망가고."

피식 웃음이 났다. 물고기 주인의 넉넉함이 인상적이었다. 어차피 본인이 못 먹게 된 것, 고양이가 잡아먹기라도 했으면 좋았을 것을, 하는 마음에서 낚시꾼의 배포가 느껴졌다.

즐거운 시간을 보내고 집에 돌아왔다.

"다음 주 주말엔 어디 갈까?"

남편과 또 새로운 여행 계획을 짤 준비를 했다. 첫 차박 여행에서 잠은 좀 불편하게 잤지만, 집 주변에서 볼 수 없던 노을이 아름다웠다고, 이 맛에 여행을 한다고 서로 죽이 맞았던 차였다.

아들에게 어디 갈까 물어보니 이런 대답이 나왔다.

"이번엔 바다낚시 말고 강낚시 하고 싶어요."

아들의 의견을 수렴해 다음 여행지는 홍천강으로 정했다. 검색해 보니 홍천강 앞에 캠핑장이 많아 캠핑을 즐기면서 동시에 낚시도 즐길 수 있었다. 당장 예약했다.

일주일 뒤 금요일, 우리는 집에 있는 음식 위주로 챙겨서 오후에 홍천강으로 출발했다. 비가 조금씩 내리기 시작했다. 차에서 잘 거라 다행이었다. 우중 캠핑도 나름 재밌지만 오늘은 만사가 귀찮은 관계로 따로 텐트를 치지 않을 것이고, 그래서 부담 없다.

목적지에 도착해서 타프와 테이블, 의자만 펴두고 도시락으로 싸간 회와 매운탕을 먹었다. 이때 또 빠질 수 없는 게 맥주 한잔! 주말 부부인 남편과 "치얼스" 한 뒤 평일에 있었던 각자의 하루하루를 나눴다.

다음 날 아침 남편과 아들은 홍천강에서 낚시를 즐겼다. 남편은 허탕이라는데, 아들은 피라미를 6마리나 잡았다. 아들은 어깨를 으쓱하면서 낚시 재미에 푹 빠져들었다. 떡밥도 손으로 조물조물, 망에 넣어 던지는 실력도 늘어 제법 멀리 던진다.

남편과 아들이 낚시에 빠진 사이 나는 캠핑 의자에 앉아 따뜻한 차 한잔 마시면서 딸들과 그동안의 소회를 나눴다.

딸이 한마디 건넸다.

"엄마, 그냥 나와서 함께 있는 이 시간 자체가 좋아. 아무것도 안 해도 그냥 좋아."

그 말이 내 마음에 확 꽂혔다. '함께 있는 이 시간 자체'가 나도 좋다. 그냥 좋다.

막내는 1박 2일 계획이라 아쉬웠던 건지 집에 돌아온 다음 날도 집주변 강으로 가서 아빠와 낚시를 즐겼다.

이번에는 제주도다. 사실 나는 해외를 나가본 적이 없다. 신혼여행도 결혼하자마자 급하게 받은 남편 휴가에 2박 3일 제주도를 다녀왔었다. 그 이후 바로 첫째를 임신했고, 임신 기간 동안에는 어디 가는 것이 엄두가 나지 않았다.

그리고 14년 만이다. 다시 제주도를 가는 것이.

나도 한창 일하느라 바쁘고 남편도 교육 중이라 시간 내기가 어려웠지만, 우리 다섯 식구는 오래전부터 제주도 가족 여행을 꿈꿔왔다. 그 꿈을 이루려고 말이 나왔을 때 바로 비행기표를 예매했고, 더 알아볼 것 없이 숙소도 잡았다. 이전 경험을 비추어 봤을 때 장박(長泊) 여행을 하기 위해 이것저것 따지다 보면 계획이 어그러져 "다음에 가자"로 종결났던 적이 많았다. 그래서 이번에는 그냥 가기로 했다. '가면 어떻게든 되겠지' 하는 마음으로 말이다.

그냥 가서 즐기다 보면 또 우리 가족에게는 필요한 경험과 배움이 찾아올 것이다.

나에게는 도전도 기다리고 있었다. 장롱면허였던 나는 아이 어린이집 갈 때, 아이들 등교할 때만 운전을 했지, 거의 4km 이상을 벗어나 본 적이 없었다. 동네 한 바퀴 도는 정도였다. 그런데 이번엔 자그마치 35km를 혼자 운전해서 가야 하는 임무에 도전해야 했다. 남편은 대전에서, 나는 춘천에서 출발해야 하니 제주공항에서 숙소까지 내 힘으로 가야 했다.

"그래! 초행길 먼 거리지만, 가보자."

나는 이것도 기회라는 생각이 들어 장거리 운전(?)을 작정했다. 마침 팀 페리스의 《지금 하지 않으면 언제 하겠는가》라는 책이 생각나기도 했다. 제주공항에서 숙소까지 가는 일, 지금 하지 않으면 언제 하겠는가.

가족 단톡방에 공지를 올렸다.

오늘부터 제주도에 관해서 책을 읽고 무엇을 먹고 싶은지,
어디를 가고 싶은지 조사해서 릴레이로 적어 내려가보자.

곧장 반응이 왔다.

네 엄마!

특히 지금 살고 있는 동네에서 먹을 수 있는 음식이 아닌, 제주도에 가면 먹을 수 있는 것을 적어보기로 했다. 인터넷에 검색만 하면 맛집들이 주르륵 나오지만, 직접 찾아보고 계획해보는 것은 여행의 또 다른 설렘이 된다.

저녁에는 첫째 딸에게 사주었던 만화책《나의 문화유산답사기-제주 편》을 함께 읽었다. 역사에 대해 많이 무지했었기에 '제주도가 생기게 된 이야기', '제주도의 슬픈 역사' 등을 알게 되면서 제주도를 다시 보게 되었다. 아이와 설문대할망의 오줌줄기가 세서 땅 조각이 떨어져나가 '우도'란 섬이 생겼다는 전설도 공부하면서 제주 여행의 설렘을 더욱 키우게 되었다.

둘째는 제주도 간식 맛집을 검색해보고 이미지를 캡처해서 단톡방에 공유했다. 사실 인터넷에는 홍보용으로 나와 있는 것도 있어 100퍼센트 신뢰하진 않지만, 그것에 관심 갖고 찾아서 가족들과 공유하는 이 과정이 가치 있다는 생각이 들었다. 함께하는 여행은 준비도 함께해야 더 빛이 난다. 각자가 주도적으로 참여했을 때 더 기억에 남는 여행이 되는 법이다.

드디어 제주도로 떠나는 날.

아이들 셋을 데리고 김포공항에 도착했다. 비행기를 오랜만에 타서인지 타기 전 모든 게 새로웠다. 2시간을 공항에서 기다렸다. 그런데 탑승 수속 게이트에 사람들 줄이 엄청 길게 서 있는 것이 아닌가? 안내하는 분께 3시 30분 비행기인데 언제 들어갈 수 있냐고 여쭈었더니, 그분이 이렇게 답했다.

"이 줄 안 보이세요? 빨리 줄 서세요."

갑자기 다급해지는 마음! 탑승 수속 밟고 들어가려면 20분 이상은 걸릴 거 같은데……. 어쨌든 아이들을 데리고 줄을 섰다. 시간 안에 비행기 탈 수 있기를!

탑승권을 보여드리고 들어갔는데, 또 비행기 안으로 들어가는 게이트까지 뛰어가야 했다. 그런데……. 짐 검사에서 걸렸다. 안에 노트북도 빼야 하고 필통 안에 들어 있는 커터칼도 빼야 했다. 위험물건으로 취급되어 빼야 한다는 것이다. 이리도 무지했던 나는 커터칼을 버려 달라고 부탁하고 아이들과 냅다 뛰기 시작했다. 뛰어가는 중에 때마침 앞에 가던 사람이 신분증을 떨어뜨리는 것이 아닌가? 그 다급한 와중에도 큰 소리로 앞사람을 불렀다.

"저기요! 여기 신분증 떨어뜨리셨어요!"

뒤돌아본 그분도 잽싸게 신분증을 줍고는 뛰었다.

첫째 딸이 뛰면서 말했다.

"엄마! 지금 우리 〈나홀로 집에〉 영화 찍어요?"

갑자기 오버랩 되는 영화 〈나홀로 집에 2〉의 한 장면! 가족 모두 비행기 시간이 늦어서 뛰는데, 맨 뒤로 처진 케빈은 비행기를 타지 못하고 혼자 뉴욕으로 향한다. 수진이는 영화 속 케빈의 가족들이 모두 달리는 그 장면이 떠올랐나 보다.

결론은 어쨌든 5분도 채 안 남은 시간에 골인!

정신없는 탑승, 혼이 쏙 빠졌다. 좌석에 앉아 멍 때리고 있는 사이 금방 제주공항에 도착했다. 이제는 빌린 렌트카를 운전해서 숙소까지 잘 도착하면 된다. 숙소만 도착하면 다리에 힘이 풀려 주저앉을 것 같았다. 나에게는 숙소까지 잘 도착하라는 엄중한 미션이 주어진 셈이다. 장거리 운전은 처음이라 정신 바짝 차리기로 했다.

드디어 렌트카 출발. 차도 막히고, 제주도는 속도 제한 되는 곳이 많아서 내비게이션도 계속적으로 확인을 해야 했다. 그러다 마침 막내가 화장실을 가고 싶다고 해서 주차를 했는데, 남편에게 전화가 왔다.

"여보, 미안! 지금 공항인데 비상이 걸려서 제주도 못 갈 거 같아."

"뭐라고?"

갑자기 남편이 못 온다는 말에 멘붕이 왔다.

"우선 알았어!"

서둘러 전화를 끊었다. 목적지에 안전하게 가는 것이 더 급했기에 우선 숙소 가는 것에 전념하고 도착해서 마음을 추스르기로 했다. 아이들도 아빠가 못 온다는 말에 적잖이 실망한 듯했다. 그럴수록 나는 지금 당장 해야 하는 일, 즉 운전에 집중했다.

숙소에 도착했다. 체크인을 하니 저녁 8시가 다 되었다. 이제는 늦은 끼니 해결이 먼저였다. 아이들 저녁을 먹이고 나는 의자에 앉아 물 한잔 마셨다. 물 한잔에 긴장이 풀려버렸다. 심호흡을 내쉬며 잠시 생각에 잠겼다. 그리고 이내 안전하게 잘 도착한 것에 감사했다.

어느 정도 마음을 추스른 나는 남편에게 문자를 보냈다.

여보, 잘 도착했어. 고마워. 다 잘될 거야. 괜찮아.

사실 내심 서운한 마음도 들었던 터라 위의 말이 쉽사리 나오진 않았다. 그런데 생각해보니 남편도 청주공항까지 왔다가 대전까지 다시 돌아간 상황이었고, 본인도 어쩔 수 없는 상황이었다. 그 마음을 헤아려야 했다. 또한 아이들과의 이 여행을 망칠 수는 없었다. 처음으로 가진 아이들과의 비행기 여행이었기 때문이다.

남편에게 문자를 보낸 뒤 아이들에게 말했다.

"아빠가 못 오시더라도 너희가 먹고 싶어 했던 음식 맛집, 엄마가 다 데려가줄 테니 걱정하지 마. 우리끼리라도 재미있게 시간 보내자."

아쉬운 마음이 표정으로 드러났지만 아이들은 알았다고 했다.

그리고 자고 일어났다. 뜨거운 태양이 베란다 사이로 들어오고, 저 멀리 푸른 바다가 넘실대는 파도가 보였다. 전날 체크인할 때 바다 전망 자리를 문의하니 자리가 없다고 했었다. 한 번 더 문의하니, 음악 소음이 있는 쪽이라 손님들에게 드리지 않은 방인데 괜찮냐고 하셨던 방이다. 나는 괜찮으니 그냥 달라고 했는데, 다음 날 아침을 맞이하고 보니 한 번 더 문의해보길 정말 잘했다. 그 음악 소음이 우리 아이들에게는 달밤의 댄스타임이 되었고, 그 덕에 이른 아침 푸른 바다를 혼자 넋 놓고 바라보며 즐길 수 있는 것 아닌가? 감사함이 차올랐고 마음이 차분해졌다.

때마침 남편에게 전화가 왔다.

"여보, 나 11시 비행기로 갈 수 있게 됐어."

"앗, 어떻게?"

"비상이 풀렸어. 예약 자리가 없었는데 계속 확인하면서 자리 나길 확인했거든? 딱 한 자리가 나는 거야. 바로 예약했어!"

"와! 잘됐다. 조심히 와."

아이들에게 곧바로 이야기했다. 이내 얼굴에 생기가 돌았다.

"앗싸!"

남편을 기다리는 동안, 아이들은 리조트 풀장에서 신나게 수영을 했다. 아이들이 웃으며 노는 모습을 보노라니, 이 말이 절로 나왔다.

"그래. 이게 행복이지."

아이들의 웃는 얼굴에 내 마음이 스르르 녹았다.

김영하 작가는 "실패한 여행은 어떤 것인가?"라는 질문에 "기억에 남지 않는 여행 그래서 실패했는지조차 모르는 여행"이라고 답했다고 한다. 너무 순탄하기만 하고 계획대로만 진행된 여행은 별로 기억에 남지 않는다.

어떤 작가는 다른 나라 관광청에 갔을 때 이런 질문을 던졌다고 한다.

"여기서 즐길 방법은 무엇인가요?"

그 질문에 이런 답변이 돌아왔다고 한다.

"길을 잃으세요."

이 말은 계획대로만, 길을 정해놓고 여행할 필요는 없으며 예기치 못한 상황에서 만날 수 있는 다양한 요소들을 체험해보라는 말이다. 그 속에 여행의 묘미가 있다는 뜻이다.

제주로 향하는 바쁜 길, 첫 장거리 운전 도전에서 흘린 식은땀, 거기에 남편까지 못 온다는 비상 상황. 계획하지 않았던 이 상황들이 여행을 풍성하게 만들었다.

제주도에 다녀온 후 남편과 이런 이야기를 나누었다. 안전하게 잘 다녀왔고, 중간에 돌발상황도 있었지만 주어진 상황에서 우리 가족이 마음 모아 즐길 수 있는 요소들을 찾는 시간이었다는 이야기. 먹고자 했던 것을 다 맛보아서 정말 감사했다는 이야기.

우리 가족에게는 길 잃은 듯 길을 찾은, 멋진 여행이었다.

첫째 아이가 초등입학 전 이야기다. '아빠 독차지 여행'을 했던 시절. 나는 아이의 유년기에 아빠와 어떤 추억을 만들 수 있을까 고민

했다. 고민 끝에 생각해낸 것이 온전히 아빠를 독차지해서 함께하는 여행이다. 그 시기를 초, 중, 고 입학 전으로 잡았다. 아이들은 대체로 졸업할 때마다 새로운 환경으로 가는 것에 설렘도 느끼고 두려움도 느낀다. 그 마음을 달래는 데 여행이 효과적이라고 생각했다. 좋은 경험을 진하게 쌓고 힘을 내서 새로운 관문으로 들어가도록 도와주고 싶었다. 남편도 나의 취지에 동의했다.

우리 부부는 상의 끝에 여행지를 부산으로 정했다. 아빠와 맏딸은 그 결정에 따라 둘만의 기차 여행을 1박 2일로 다녀와야 했다. 수진이는 장거리 기차여행도, 아빠와의 여행도 처음이었다. 다행히 그 첫 여행을 온전히 즐겼다. 부산의 가장 유명한 음식들을 먹고, 구경하고 싶은 곳을 선택해서 신나게 다녔다. 더구나 아빠 독차지 여행에는 '아이 소원 들어주기'라는 옵션도 있어서 여러 모로 수진이에게는 즐거운 여행이었다.

6년이 지난 지금도 수진이는 자주 아빠와의 여행 추억을 꺼내곤 한다. 6학년 졸업을 앞두고 아이에게 그때의 여행에 대해 다시 물었더니, 얼굴에 갑자기 화색이 돌기도 했다.

"엄마, 글쎄 성게를 직접 만져봤는데 정말 신기했어. 원기둥 같은 수족관에 둘러앉아서 구경도 했는데 너무 예뻤어. 아빠랑 바닷가에서 햇살이 바다 표면에 내리쬐는 것도 봤는데 너무 아름답더라구. 그리고 도장도 직접 아빠랑 만들고, 동생들 펭귄인형도 사다주고……. 아, 맞다! 기차 타고 갈 때 아빠가 바나나우유도 사주고, 나는 색칠공부 했었어. 너무 좋았는데, 또 가고 싶어. 아빠는 정말 좋은 아빠야."

수진이가 아빠 독차지 여행을 떠난 날이 생각난다. 그날 호텔에 도착했을 때 영상 통화를 했는데, 동생들의 부러움을 샀다. 휴대폰 너머 동생들의 그 마음을 읽었는지 여행에서 돌아온 날, 동생들에게 짠~ 하고 선물을 안겨주었다.

다음은 둘째의 아빠 독차지 여행. 두 사람의 여행에서는 신기한 경험이 있었다고 한다. 기차가 연착된 덕분에 평소 친했던 지인을 우연히 부산역에서 만난 것이다. 시장을 지나가다가도 그 지인과 마주쳐 같이 점심을 먹었고, 둘째는 선물도 받아 덕분에 즐거운 시간을 보냈다고 한다.

여행에서 돌아온 수호에게 내가 물었다.

"아빠와 함께한 여행, 뭐가 제일 좋았어?"

수호는 거침없이 대답했다.

"아빠랑 하루 종일 얘기한 거. 내 말 들어주고, 웃겨주고, 호텔에서도 맛있는 거 마음껏 먹은 거."

그저 아빠와 함께했다는 것, 얼굴 마주 보며 눈 맞추며 소통했다는 것. 그것이 둘째에게는 잊지 못할 사건이었던 것 같다. 그저 아빠와 함께한 그 시간 자체가 행복했던 것 아닐까?

여행 중에 잊지 못할 사건과 시간이 또 있기는 했다. 둘이서 인형 뽑기도 했다는데 한 개도 못 뽑고 4만 원을 다 탕진했다고. 그러면서 남편과 둘째 딸이 동시에 하는 말.

"이제 다시는 인형 뽑기 안 해!"

수호의 다음 여행은 2년 뒤다. 그래서 얼른 6학년이 되었으면 좋겠다고도 한다. 그때도 인형 뽑기를 할까?

이제 막내 차례다. 막내는 이른 아침부터 캐리어를 만지작거렸다. 그 모습을 보니 지난 추억이 떠올랐다. 큰누나가 아빠 독차지 여행을 떠날 때 몹시 샘을 냈던 막내, 하지만 작은누나가 떠날 때는 자신의 차례도 곧 돌아올 것을 알고 있다는 듯 잘 다녀오라고 쿨하게 인사했던 막내. 정말 '막내' 같았던 막내가 부쩍 자랐다.

"아빠, 얼른 일어나. 여행 가자."

막내가 아직 꿈나라에 있는 아빠를 깨웠다. 두 사람의 여행이 벌써 시작된 듯하다.

수종이와 아빠는 거의 해변에서 시간을 보냈다고 한다. 평소 식물, 동물, 공룡 등 모든 살아 움직이는 것에 관심이 많은 아이다. 지렁이도 귀엽다고 늘 지렁이를 만나면 반갑게 인사한다. 부산시장을 거닐 때는 자기 몸보다 큰 캐리어를 혼자 끌었단다. 전혀 힘들어하는 기색조차 보이지 않아 주변 어른들이 힘세다며 칭찬을 건넸다고! 그리고 칭찬을 받은 아들은 더 힘이 불끈 나서 에너자이저가 되었다고!

아빠 독차지 여행은 아빠와 온전히 시간을 보내는 여행이다. 아빠에게는 아이에게 온전히 집중하고 사랑을 쏟는 시간이다. 둘 모두에게 특별한, 서로 '윈윈'하는 시간이 아닐까 싶다. 그야말로 행복충전 '찐여행'이 아닐까?

다둥맘의 어쩌다 아침 공부

몸 근육만큼 마음 근육 쌓는 것도 중요하다고 생각하며 나아간 어느 날 아침이다. 아이들 모두 늦잠을 잤다. 나는 막내가 어제 학원에서 빌려온 우산을 펼쳤다. 접을 때 끼우는 부분이 부러져 있었다. 막내를 깨웠다.

"이거 어떻게 된 거야?"

"응? 엄마, 나도 몰라."

"어제 빌려온 거 아니었어?"

문득 어제 장면이 떠올랐다. 막내는 학원에서 빌려온 우산을 다시 쓰고 나가서 친구들과 놀고 들어왔다. 갑자기 화가 났다.

"빌려온 우산을 또 가지고 나가면 어떡해? 잘 쓰고, 온전하게 돌려줘야지!"

나도 모르게 버럭했다. 지금 이 상황은 분주하고 바쁜 상황. 나도 늦잠 자는 바람에 내 할 일을 다 못 끝내서 정신이 겹겹이 상처받은 상태이다. 아이는 당황했다. '엄마가 이것으로 화를 내다니' 하는 눈치다. 예전의 엄마라면 "실수할 수도 있지" 하면서 너그럽게 이해해주고 함께 해결 방향을 고민했을 텐데.

막내를 혼내고 나니, 둘째가 내 노트북 선에 다리가 걸려 노트북이 바닥으로 떨어졌다. 순간 나와 아이들 모두 멈칫했다. 이게 무슨 상황인가? 정신이 번쩍 들었다. 나는 아이에게 잘못된 행동에 대해 혼을 낸 것이 아니었다. 내가 아침 일을 제대로 못 마쳤고 아이가 돌려줄 우산까지 고장 내서 내 기분이 격앙된 상태, 그 순간 둘째아이 실수까지 발생했다. 나 스스로 상황을 더 악화시킨 것이다. 머리가 딩하고 울리는 느낌이었다.

아이들이 정적에 빠져 있는 사이 나는 호흡을 골랐다. 어제의 다짐이 떠올랐다. 나는 어떤 상황에서든 감사할 것을 떠올리겠다고 다짐했었다. 그런데 하루 만에 그 다짐을 깨뜨리다니…….

나는 막내에게 다가갔다.

"수종아, 우선 엄마가 너무나 화를 낸 것 같아. 바쁜 아침 분주한 상황에서 너의 우산에 대한 상황보다 엄마가 화난 것에 기름을 부었다고만 생각하고 화로써 너에게 이야기를 한 것 같다. 미안하다."

막내가 고개를 끄덕였다.

"사실 엄마, 그게 부러졌어. 나도 모르게 펼쳤는데, 그게 부러지면서 튕겨나갔어."

"그래. 사실대로 말해줘서 고마워. 우리 그럼 어떻게 할지 생각해볼까?"

"새로 사서 갖다드리자, 엄마!"

"그래. 우리 수종이가 직접 골라서 새로운 우산으로 갖다드리자!

직접 사과도 드리고."

이렇게 대화를 통해서 이 상황에 대한 해결책을 마련했다. 아이도 솔직하게 말하고, 나도 감정에 치우쳐 화를 낸 것에 대해 아이에게 사과했다. 그것도 중요했다.

우리는 학교 끝나고 만나 문구점으로 가서 우산을 살 것을 약속했다. 약속을 맺은 뒤 나는 한 가지 덧붙였다.

"다음에 다른 사람의 물건을 빌려오더라도 지금처럼 망가질 경우를 대비해 고이 잘 놔뒀다가 잘 돌려주자. 이번에 하나 더 배운 거다. 그렇지?"

엄마와 아들은 서로를 다독였다.

노트북 선에 걸려 넘어질 뻔한 둘째와도 이야기를 나눴다. 며칠 전부터 그 선이 마음에 걸리던 차였다. 마음에 걸렸을 때 조치를 취했어야 했는데 그러지 않고 방관한 것은 엄마인 나의 잘못이었다.

"엄마 잘못이야. 넘어져서 다치지 않아 다행이구나."

이렇게 말해주었더니, 둘째도 끄덕끄덕하며 이내 얼굴표정이 나아진다.

그날 등굣길 아이들과 구호를 외치기 전, 이 한마디를 보탰다.

"오늘 아침 시작이 분주했고 또 이런저런 일도 있었지만, 우리는 이것을 통해 배웠어. 이제는 학교생활에 집중하자. 앞으로 나아갈 것에 초점을 맞추자."

아이들이 오케이를 외쳤다.

"오늘 하루 어떻게 보낼 건지 말해 볼 사람?"

"행복한 일을 할래요, 엄마!"

"구체적으로 어떤 일?"

이렇게 이야기 나누는 사이에 등교차가 도착했다.

"자, 구호!"

"사랑! 감사! 용기! 자신감! 파이팅!"

어김없이 우리만의 구호를 외친 뒤 아이들은 엄지와 손 하트를 날리며 차에 올랐다.

나는 집으로 돌아오면서 강변 풍경을 바라보았다. 저 멀리 구름과 산의 모습이 보였다. 비온 뒤 어둑한 하늘이지만 구름과 산이 맞닿은 모습은 참으로 절경이다. 어둡고 힘든 상황에서도 이러한 모습을 바라볼 줄 알아야 한다고 자연이 말해주는 듯 하다. 아이들에게도 그것을 알려주어야겠다고 다짐했다. 그것이 마음 공부다.

내가 마음 공부를 하지 않았더라면, 오늘 아침 어떻게 대처해야 할지 몰라 화만 낸 상태에서 상황을 얼버무렸을 것이다. 내 감정을 어떻게 돌보아야 할지 알지 못했을 것이다.

아침의 경험을 통해 나는 하나 더 배웠다. 아이들도 지금 학교로 가는 차 안에서 각자 나름대로 생각하고 있을 것이다.

나는 워킹맘! 아침에 내 시간을 확보하기 위해 아침 일찍 기상하지만 '아침 지배' 후 기다리고 있는 것은 아이들 아침식사다. 아이들이 아침밥을 이것저것 먹지 않기 때문에 나는 간단하게, 쉽게 그리고 편하게 먹을 수 있는 것들로 준비해야 했다. 그렇게 아침 식단을 패턴화했다.

제일 쉬운 것이 주먹밥, 떡만둣국, 볶음밥이다. 영양소도 골고루 들어 있고, 숟가락으로 바로 떠서 먹을 수 있는 것들이다. 주먹밥은 주로 참치주먹밥, 멸치주먹밥이다. 필수영양들(탄수화물,단백질,지방)을 한입 크기에 담을 수 있어 좋다. 특히나 아침 탄수화물은 뇌의 에너지원으로 쓰이기에 한창 공부하는 아이들에게는 꼭 필요한 영양소이다. 공부는 밥심이라 하지 않았던가?.

떡만둣국의 경우는 멸치육수에 떡과 만두만 넣어서 먹을 수 있기 때문에 고기야채와 탄수화물 쌀떡까지 영양 섭취가 고루 이루어진다. 마지막에 계란만 풀어주어도 간단한 한 끼가 완성된다. 만두는 작은 물만두를 넣으니 아이들 입에 쏙쏙 잘 들어간다. 어느 날은 멸치육수용 멸치가 없어서 시중에 파는 가쓰오부시액으로 국물을 희석해서 만들었는데, 그것도 아이들이 잘 먹는 것이 아닌가? 더 간단하게 만드는 법도 발견해서 순간 쾌재를 불렀다. 사실 나는 요리를 잘하는 편도 아니고, 손맛이 좋은 편도 아님을 고백한다. 그래서 몸에 필요한 필수영양은 다 들어가면서도 조리법이 복잡하지 않고 간단한 것을 선호한다.

볶음밥은 주로 김치볶음밥, 고기 야채볶음밥, 새우야채볶음밥 이렇게 나눠서 만든다. 김치볶음밥은 김치와 밥을 볶고 계란프라이를 위에 얹으면 끝. 고기는 주로 소고기 다짐육, 야채는 냉장고에 있는 야채 1~2가지면 된다. 때론 베이컨도 괜찮다. 베이컨은 첫째 아이가 좋아해서 해봤는데 다들 잘 먹는다. 베이컨과 계란으로 볶음밥을 만들고 오이나 당근으로 야채스틱을 옆에 곁들여준다.

새우야채볶음밥도 고기 대신 넣기 좋다. 그래서 볶음밥에 질리지 않도록 한번은 새우를 추가해주면 된다. 아이들이 일주일에 학교를 다섯 번 가니 아침마다 '뭐 먹지?' 고민이 된다면 이렇게 간단하게 아침을 준비해도 좋다. 반찬을 여러 가지 준비하는 번거로움이 사라진다. 한입에 쏙 넣어 먹기 편하게 하면 엄마도 편하고 아이도 편하다. 무엇보다 설거지거리도 줄어들어 금상첨화다. 나와 아이가 함께 윈윈하는 방법이다.

식단의 예시

월:김치볶음밥+계란프라이 　　화:떡만둣국

수:고기야채볶음밥 　　　　　　목:주먹밥

금:새우야채볶음밥

chapter 7

앞으로
나아가는
나

나를 사랑하는 일에 익숙해지기

'나'를 사랑한다는 것은 대체 어떤 의미일까?

"나를 사랑하세요. 있는 그대로의 나를 사랑하세요."

참으로 많이 들어온 말이다. 그런데 사실 처음에는 와닿지가 않았다. 나는 타인은 사랑해봤지만, 나를 사랑하는 일에는 서툴렀다. 사실 나에 대한 나의 감정을 수시로 떠올리지도 않는 터라 와닿지 않는건 어쩌면 자연스러운 일인지도 모르겠다. 대부분의 사람이 나와 비슷한 상황 아닐까?

'나'를 사랑하는 데에도 연습이 필요하다.

그러려면 늘 이 하나의 끈을 놓지 말라고 나는 당부한다.

그럼에도 불구하고 나는 나를 비난하지 않는다.

그럼에도 불구하고 나는 나를 응원할 거야.

그럼에도 불구하고 나는 나를 아껴줄 거야.

그럼에도 불구하고 나는 잘 일어설 거야.

그럼에도 불구하고 나는 나를 사랑할 거야.

바로 '그럼에도 불구하고'라는 끈이다.

세상을 살아가면서 우리는 숱한 고난과 시련을 겪는다. 이 세상에 홀로 남겨지고 버려진 듯한 외로움마저 느낀다. 그럴 때 스스로 더 궁지로 모는 말을 더하곤 한다.

"내가 그렇지. 제대로 하는 게 없잖아."

자기 비난적 말들이 '나'를 더 비참해지는 상황으로 몰고 간다.

'나'를 사랑하는 일에 가장 필요한 것은 우선 자신에게 던지는 비난의 화살을 멈추는 것이다. 그 상처 주는 말이 스물스물 또는 훅 하고 올라올 때 허벅지를 꼬집어서라도 삼켜야 한다. 삼키기 어려우면 "정신" 하고 말한 다음 위에 언급한 문장을 스스로에게 건네도록 하자. '그럼에도 불구하고'라는 끈을 꼭 붙잡도록 하자.

자신을 향한 비난만 멈춰도 어둠이 휘몰아치는 소용돌이 속으로 빨려 들어가지 않는 힘이 생길 것이다. 부디 비난하지 말자. 플리즈!

아이들 젖먹이 시절, 육아서를 읽고 자책하곤 했다. 내가 읽은 육아서들은 대부분 자녀의 자존감은 어릴 적에 키워줘야만 생길 수 있는 것이라 했다. 세 살 때까지 보듬어준 사랑이 자존감 형성에 큰 영향을 미치니, 제대로 사랑을 못 주면 채워지지 못한다고 내 가슴에 엄포를 놓았다. 괴로웠다. 그렇다면 나는 어떻게 해야 할까? 나부터도 나 자신을 사랑할 줄 모르는데 아이들에게 사랑을 줄 수 있을까? 이러한 의문과 자책 속에서 자존감은 어릴 때 채워져야 하는 어려운 것으로 머릿속에 박혀버렸다.

하지만 시간이 흘러 내가 나를 존중하고자 노력하기 시작했을 때 알게 됐다. 구멍 난 자존감도 노력하면 메꿔질 수 있다는 것을.

내가 경험하지 못한 분야는 좁아진 시야로 판단하게 된다. 나는 '나'를 위한 책을 계속 찾고 읽어나가면서 그런 좁아진 시야를 넓혀나갔다. 학창시절의 어려운 언어영역 점수 높이려, 수능시험 점수 높이려 추천 100선을 읽는 어려움에 비할 바가 아니었다. 고통스러웠다. 고통 끝에 나 스스로도 몰랐던 나의 존재감, 가치, 그리고 사랑, 내가 그동안 고통스러워했던 이유, 내가 아팠던 이유, 치유 방법, 내가 나를 데리고 사는 방법, 사랑을 나눌 수 있는 방법, 세상에 대한 다양한 관점들을 배우게 되면서 내가 좋아하는 것, 원하는 것들을 하나하나 찾아가게 됐다.

이렇게 찾고 알아갈수록 이 여정은 내 삶의 의미를 찾는 시간이 되었다. 그런데 막상 삶에 무슨 의미가 있냐고 묻는다면 답하기 어렵다. 질문을 살짝 바꿔보자.

'내가 내 삶에 어떤 의미를 부여하며 살아갈 것인가?'

내가 선택한 의미를 내 삶에 스스로 부여할 수 있다. 마음대로 부여할 수 있다. 언제나 중요한 건 '나', 자기 자신이다. '나'를 중심에 두고 생각해야 한다. '나'는 내 삶에 어떤 의미를 부여할 것인가 질문하고, 실제로 의미를 부여하는 삶은 자아가 실현되는 삶이다. 자신이 무엇을 원하는지 알고 그것을 이루는 삶이다.

나는 내 삶에 스스로 의미를 부여하는 과정에서 실질적으로 나를 존중하는 마음이 싹텄다. 나를 존중하기 위한 방법들을 더 모색하게 됐다. 새로운 방법을 찾게 되면 설레기까지 했다. 많은 사람들이 머리로 생각은 하지만 마음이 안 따라준다고 이야기를 한다. 그것은 마음이 자신의 마음 구멍을 더 탄탄하게 메꿔달라는 신호다. 스스로를 믿고 의미를 부여해보자. 그러면 마음 구멍을 채울 수 있을 것이다. 더 자신 있게 행동할 수 있을 것이다.

마음 구멍을 채우면 자신감이 생기고, 나아가 자존감이 올라간다. 그러니 자존감을 어릴 적 채워지는 것으로만 치부하지 말자. 나는 삼십대에 이르러서야 나를 존중하는 방법을 터득했고, 그렇게 자존감을 키웠다. 새벽에 일어나 나의 시간을 확보하는 것도, 운동으로 체력을 키우는 것도, 마음 근육을 키우기 위해 명상하고 책을 읽는 것도, 쉬면서 내 마음을 돌보는 것도 모두 자존감을 높이는 행위이다.

한 가지 사실만은 분명하다. 부모는 자신을 먼저 존중할 줄 알아야 아이도 존중할 수 있다. 자신의 자존감을 채워야 아이의 자존감도 높여줄 수 있다.

쿠션팩트를 버리지 않기 바란다. 나는 내 얼굴이 다 들어가는 대형 쿠션팩트를 다 쓰면 버리지 않고 업무 테이블 위에 올려놓는다. 일을 하다가도 자꾸자꾸 살짝살짝 보면서 미소 짓는다. 거울 속 내 눈을 바라보는 연습을 자주 한다. 내가 나에게 어떤 말을 건네줄지, 어떤 생각을 나에게 심어줄지를 점검한다. 업무를 하다 보면 모니터만 바라보는 시간이 대부분이라 얼굴이 굳고 경직될 때가 있어 이 시간들이 더 필요하다.

거울의 용도는 '나 보기'. 안쪽 팩트 덮개에는 확언들을 적어놓은 포스트잇을 붙여놓았다. 그 확언들을 읽으며 거울 속 나를 응원해준다. 우리 엄마들이 자주 사용하는 쿠션팩트 이렇게 활용해보는 것이 어떤가?

Q-1 당신은 자신에게 어떤 응원의 말을 해줄 것인가?

예시

나는 나를 사랑하고 인정한다.

나는 언제든 번영하고 있다.

오늘 하루도 잘 보낼 나에게 참 고맙다.

과거를 보내고 나를 안아주기

잠시 학창시절로 거슬러 올라가고자 한다. 한 가지 고백하자면, 중학교 시절, 나는 내 얼굴을 많이 가리고 다녔다. 바람에 머리카락 이라도 날리면 얼굴 가리느라 바빴다. 앞도 안 보고 땅만 보고 걸었 다. 그런 상태로 빠르게 걷던 어느 날, 차 트렁크를 세게 들이받아 뒤 로 나가떨어졌다. 주차되어 있던 차였으니 망정이지 큰일 날 뻔했다. 하지만 그때도 그저 뒤돌아보며 '아무도 안 봤겠지?' 하고는 가슴을 쓸어내렸다. 그렇게 남만 신경 쓰고 살았다.

좀 강해 보이고 싶은 마음도 있었다. 그래서 미간에 주름이 질 정 도로 인상을 찌푸리며 다녔다. 속은 얇은 유리처럼 톡 건드리면 깨 져버릴 것 같은데 겉으로만 강한 척했다. 상처받기 싫었기에 그 당시 내가 할 수 있는 나름의 대응 행동이었다.

'저 사람 혹시 지금 나를 보고 이상한 말 하고 있는 거 아니야?'

'내 욕하고 있는 거 아니야?'

머릿속 정신없는 생각들이 나를 괴롭혔다. 그것을 사실로 믿고 그 사람을 미워하기도 했다. 분주한 내 마음과 반복되는 상황들에 고등학교 들어서는 죽고 싶다는 생각까지 했다.

'이래서 내가 살 수 있을까?'

'세상은 내게 무엇을 기대할 수 있을까? 나조차도 나를 버리고 싶은데…….'

그러한 마음으로 가득 차니 사는 것이 무의미했다. 대학교 가서도 의욕이 생기지 않았다. 왜 다녀야 하는지도 모르는 채 학교 한 번 빠지면 큰일 날 것 같은 개근 강박으로 출석 일수만 채워나갔다.

나는 대학교 2학년이 되어서도 달라지지 않았다. 그러던 어느 날, 아빠가 돌아가셨다.

'어떻게 된 거지? 평생 내 곁에 있을 것 같은 아빠였는데…….'

충격과 슬픔에 어쩔 바를 몰랐다. 세상이 원망스러웠다.

하지만 여전히 나는 일상을 살아야 했다. 변한 건 없었다. 고통이 나를 짓이기는데, 나는 학교를 가야 했다. 수업 시간에 멍하니 앉아만 있었다. 수업이 귀에 들어올 리 없었다. 그렇게 붕 뜬 채 살다가 불현듯 이런 생각이 들었다.

'내가 지금 여기서 뭐 하고 있는 거지? 왜 여기 앉아 있는 거지?'

수업 중간에 일어났다. 교수님께 말씀드리고 터벅터벅 걸어 나와 집으로 향했다. 어떻게 해야 할지 눈앞이 캄캄했다. 슬퍼하는 엄마, 그럼에도 열심히 사는 언니, 동생……. 모두가 힘든데 내가 무엇을 할 수 있을지 도통 떠오르지 않았다. 그저 일상을 살아내야 하는 것이 나에게는 과제라면 과제였다.

할 수 있는 것만 생각했다. 나의 현재 상황. 대학교는 다녀야 하지만 돈은 없다. 집안 사정도 어려웠기에 모든 돈을 스스로 충당해야 했다. 차비와 식비를 마련하려 주말 아르바이트를 닥치는 대로 했다. 남들 앞에 서기 부끄러워하고 수줍음도 많이 타는 내가 마이크까지 잡고 앞에 나서서 사람들을 모았다. 자진해서 마트에서 큰 소리로 제품을 판매하는 아르바이트도 했다. 학교등록금은 아르바이트로 충당이 안 되니 학교를 다닐 수 있는 방법은 성적 장학금뿐이었다. 그래서 정말 열심히 공부했다. 그렇게 살아온 덕분에 2학년 후반기부터 졸업 전까지는 계속 장학금을 받으면서 대학 생활을 마칠 수 있었다.

어두웠던 과거, 지난날 내 마음을 들여다보면 정말 '죽음'이 깊이 자리하고 있었던 것 같다. 어디다가 털어놓는 성격도 아니라서 늘 위병을 달고 살았고, 그것마저 내 운명이라고만 여기며 불행해했다. 엎친 데 덮친 격으로 아빠까지 돌아가시고 나니 삶의 무게가 한꺼번에 덮쳐와 회의감에 젖었다.

하지만 돌이켜보면, 그 시간을 견뎠기에 지금의 내 삶이 가능했다. 버티고 버텼더니 내 자신이 보였다. 남들 꽃다운 나이라는 이십대를 출산과 육아로 다 보냈지만 각기 다른 개성의 아이들 덕분에 그때그때 달라지는 육아상황으로 깨우치고 배우고 성장하며 이 시간을 지나왔다. 그 시간들이 없었다면 해내지 못했을지도 모른다.

어느 날 문득, 만화 〈피구왕 통키〉 주제가 속 "고된 훈련과 도전으로 시련을 이겨내리" 가사 한 구절이 떠오르면서 내 삶을 말하고 있는 것 같아 공감의 미소가 흘러나온 적이 있다. 그렇게 나는 훈련과 도전 속에서 빛나는 '나'를 찾아가는 여정을 걸어왔고, 그런 '나'를 찾았다.

과거를 보내면서 수많은 눈물도 함께 내보냈다. 지금 글을 쓰면서도 그때의 내가 얼마나 살려고 발버둥쳤었는지 그 마음이 떠올라 키보드를 누르면서도 순간 멈칫한다. 하지만, 이제는 그렇게 잘 살아낸 것에 감사하다. 어둠에서 빛을 찾기까지, 아니 원래 그 안에 있던 빛을 찾기까지의 이야기가, 그런 나의 인생 이야기가 책의 소재로 쓰여야 했다. 그동안 숨기고 싶었던 부분을 드러내고, 때론 상처받을 수 있는 사실도 받아들여야 했다. 단 한 명이라도 내 이야기가 납득이 되어 삶을 보다 희망적으로 살아갈 수 있다면, 이 부분은 기꺼이 감수해야 한다고 생각한다.

나는 어릴 적, 내 것이 주어져 본 적 없다는 생각에 '물건의 소중함'을 알게 되었다. 돈이 없었기에 독하게 일하고 공부하며 학교를 무사히 졸업할 수 있었다. 언젠가 대학교 친구들에게 물어본 적이 있다. 내 이미지를 한마디로 표현하면 어떤 단어가 떠오르냐고. 친구들이 한목소리로 답했다.

"독하다!"

하지만 이 독함이 나를 살렸다. 독해서 삶을 포기하지 않았고, 살기 위해 버텼다.

결핍이라 여겼던 것들이 사실은 내 삶을 위한 약이었다. 인생 과제였다. 관점 하나만 바꾸어도 삶에 대한 시각이 달라진다. 더 잘 살고 싶어지고, 지나온 과거를 놓아줄 수 있게 된다. 나는 기쁨이 무엇인지, 슬픔이 무엇인지 이제는 구분하며, 그때의 감정을 하나하나 보듬어줄 수 있다.

내 말을 전적으로 신뢰하기 어렵다면 개리 비숍의 《내 인생 구하기》의 다음 구절을 참고하기 바란다.

당신은 결코 과거를 바꿀 수 없지만 과거를 바라보고 설명하는 방식을 바꾸기로 선택할 수는 있다. 그러면 당신이 느끼는 과거가 바뀐다. 그리고 그렇게 되면 틀림없이 과거가 바뀐다. 적어도 과거가 당신에게 미치는 영향력은 바뀐다.

"내일은 내일의 태양이 뜬다."

영화 〈바람과 함께 사라지다〉의 명대사, 여자 주인공 스칼렛이 한 말이다. '내'가 어떻게 살든 내일은 어김없이 내일의 해가 뜬다. 그런데 나의 삶에 신뢰가 없다면, 한숨 섞인 하루하루를 살아간다면 내일의 해는 아무 의미 없을 것이다. 그런 삶에 행복이 자리할 수 있을지 의문이다.

그렇다면 우리는 좀 더 내일의 해를 반기는 우리가 되면 어떨까? 이왕 사는 것, 오늘의 나를 사랑하고 내일의 해를 기대하며 살면 어떨까? 그런 삶을 살려면 어제의 '나'를 고스란히 잘 보내주려는 자세가 필요하다. 과거와 즐겁게 이별하는 것이다.

오늘 잠시 걸었다. 걷다가 며칠 전 아팠던 '무릎 통증'이 또다시 올라왔다. 평소에 걸을 때는 알지 못했던 무릎의 역할을 다시 한 번 되새겼다. 관절과 관절을 잇고 허벅지와 종아리를 연결해 내가 잘 걸을 수 있도록 도와주는 무릎, 때로는 기어가게도 해주는 무릎의 수고를 떠올렸다. 그동안 아프지 않고 잘 지내준 내 무릎이 얼마나 자기 몫을 잘해왔는지 새삼 감사했다.

어쨌든 내가 무릎을 혹사시킨 것은 '지난 과거'이다. 그리고 무릎의 소중함을 깨달은 것은 '오늘'이다. 그렇다면 내가 해야 할 일은 무엇일까? 소중한 무릎이 잘 회복될 수 있게 내가 보듬어주는 일일 것이다. 그래서 내일 더 활기차게, 무릎의 도움을 받아, 걸을 것을 기대하는 일일 것이다. 세상의 밝은 면을 보고자 하면 내 안에는 그 밝은 빛이 더 빛을 발휘한다. 빛이 보이지 않는 것이 아니라 내가 보지 않고 고개를 돌렸을 뿐 언제나 그 자리에서 내가 그 빛을 밝혀주기만을 목이 빠져라 기다리고 있었다.

오프라 윈프리의 메시지로 이 글을 마무리한다.

우리가 하는 모든 경험은,

아무리 충격적이고

아무리 고통스러운 경험이라 해도,

헛되지 않다.

우리에게 일어나는 모든 일은

우리가 이 땅에 존재하는 의미를 알아가도록 도와주는 수단이다.

중요한 것은 어떤 일이 일어나느냐가 아니라

그 일이 우리 내면에서 무엇이 열리게 하느냐는 것이다

―《위즈덤》, 오프라 윈프리

행복을 선택하는 시간

오늘은 첫째 아이가 친구들을 데려와 파자마 파티를 열었다. 나는 아이들이 좋아하는 치킨과 피자를 시켜놓고 파티의 판을 열어주었다. 맛있게 먹는 틈으로 나도 냉장고에 있던 차가운 음료를 꺼냈다. 시원하게 들이키며 아이들이 나누는 대화를 유심히 지켜봤다. 내가 듣기엔 그리 웃기지 않는데, 아이들은 뭐가 그리 즐거운지 집이 울릴 정도로 박장대소한다.

나는 생각에 잠겼다.

'아이들은 어제도 아니고 미래도 아니고 현재를 살고 있구나!'

현재를 즐길 줄 아는 아이들. 뭔가 웃겨서 웃는다기보다 함께 있는 것 그 자체로 즐거워 웃음이 나오나 보다.

어릴 적 내 모습이 생각났다. 현재를 즐기던 그 순간 말이다. 나는 집에 손님이 오시면 둘러앉은 자리, 그 원 안으로 들어가 혼자 춤추고 노래하는 것을 즐겼다. 남들의 평가는 중요하지 않았던 시절이다. 그저 내가 좋아하는 노래와 춤을 사람들 앞에서 즐기며 할 수 있는 그 자체가 좋았을 뿐이었다. 성장하면서, 살아가면서 그런 기쁨들을 하나하나씩 잃었다. 대회에 나가고 오디션에 나가면서 평가 속에 나를 가둬야 한다는 것이 기쁨을 잃은 이유였다.

시간이 흐르고 어른이 되어 내 안의 기쁨을 찾아가다 보니 그래도 노래와 춤은 내 안에 깊이 자리하고 있었다. 아직도 음악 듣는 것을 놓지 않고 있는 걸 보면 더욱 그렇게 느낀다. 나는 좋아하는 음악을 들을 때면 가사든 음악 선율이든 놓치지 않고 몰입한다. 나의 경우 음악이 일상에 큰 영향을 주어서인지 음악 하는 사람들이 특히 존경스럽다. 마음이 바닥을 칠 때, 스트레스가 잔뜩 쌓였을 때 음악은 위로를 준다. 다시 일어설 용기도 준다. 다시 살게 하는 힘도 준다.

현재를 즐기는 것은 나에게는 음악을 즐기는 것과도 같다.

딸의 친구들, 그 사랑스러운 아이들이 깔깔 웃는 상황에서 나는 이런 말을 건넸다.

"너희는 어쩜 그렇게 잘 웃니? 너희는 참 좋겠다. 웃을 일이 많은 삶."

아이들 덕분에 나는 그날 삶을 대하는 태도를 배웠다.

현재 '내' 안에 기쁨이 없다면 아이들의 웃음을 통해 일상의 기쁨을 느껴보는 것도 하나의 방법이다.

어느 날 강하늘이라는 배우가 TV 예능프로그램에 나와서 하는 이야기를 들었다.

"저는 지금 현재가 딱히 불행하지 않다면 그게 행복이라고 생각해요."

배우 강하늘 씨는 몇 달 전 명상을 시작하면서 '지금'이라는 단어를 좋아하게 되었다고 한다.

동감한다. 우리의 힘이 닿을 수 있는 시간은 오직 지금, 과거도 미래도 아닌 바로 현재라는 것. 그래서 딱히 불행하지 않다면 그게 행복 아닐까? 스트레스를 받기는 하지만 스트레스에 짓눌리고 싶지 않다는 배우의 생각을 나는 읽을 수 있었다.

한동안 〈효리네 민박〉에 푹 빠져 있던 시절이 있다. 그 당시 출연한 게스트가 "대학을 위해 달려왔는데, 원하는 대학만 들어가면 행복할 것 같았는데 그렇지 않다"고 말했다. 이효리 씨와 남편 이상순 씨의 대화가 이어졌다.

"너무 행복하려고 하면 행복할 수 없는 것 같아. 그냥 사는 거지. 그냥……."

나는 그날 방송을 보고 행복을 뒤로 미뤄야 할 숙제로 여길 필요는 없다는 생각이 들었다.

조건이 붙는 행복은 오히려 행복에 대한 부담감을 일으킨다. 그냥 현재, 지금을 즐기면 된다. 무언가를 먹으면서 맛을 음미할 때, 어제 보이지 않던 꽃눈이 살짝 피어 얼굴을 내밀었을 때, 걷다가 하늘 위를 바라보니 여태껏 보지 못했던 구름 모양을 발견했을 때, 김치찌개 푹 익은 김치를 손으로 쭈욱 찢어 따끈한 흰밥에 올려 한입 베어물 때, 아이의 재롱에 미소가 머금어질 때…… 이 순간순간 느끼는 '소소한 기분 좋은 감정들' 이것이 행복 아닐까?

어느 날, 배우 문숙 씨가 토크 콘서트에서 이런 말을 했다.

"다른 사람이 무슨 말을 하건 그 사람들의 선택이지만, 나의 행복은 나의 선택이다."

우리는 많은 사람들과 주고받는 소통 속에서 때로는 상처도 받고 힘들어도 한다. 하지만 롤러코스터 타듯이 자신의 마음이 좌충우돌되는 상황이 연속된다면 '내'가 행복을 선택하는 주인으로서 역할을 제대로 못하고 있는 것이다. '내'가 행복을 선택하기로 한 순간, 상대방이 하는 모든 말들을 거를지 받을지를 스스로 선택할 수 있다.

지난 시간 남들의 말과 행동에 내 주도권을 내어준 채 살아온 나였다. 그래서 삶을 놓아버리고 싶은 생각마저 들 정도였다. 희생자의 삶은 산 결과다. 뒤늦게 주도적으로 살기로 결심하고 행복을 선택한 순간, 나는 삶 속에 숨어 있는 다양한 행복을 만날 수 있었다. 그리고 그것을 나누며 타인과 함께 행복해지면 그 행복은 배가된다는 것도 알게 되었다.

언젠가 김창옥 교수님의 강의를 들었다. 강의에서 한 방청객이 이런 질문을 던졌다.

"지금 너무 행복한데 이것이 일상화되니 더 이상 느끼기가 어려워요. 어떻게 해야 할까요?"

김창옥 교수님이 답했다.

"80퍼센트의 행복만 지니고, 20퍼센트의 행복은 타인에게 흘러가도록 하면 그 행복이 더 신선해집니다."

그때 깨달았다.

'행복도 다양한 행복들이 존재할 수 있겠구나. 행복하기 위해 노

력하기보다 순간순간 나의 상태를 읽어주고 적용해주는 것이 더 좋겠어.'

내가 '행복'이라는 그 녀석을 분석하기에 이르렀다. '행복'의 한자는 '좋은 운을 가진 幸', '복 福' 자다. 나는 나름대로 다르게 해석해보았다.

"행할 행, 복 복이다."

'좋은 일을 행하면 복이 온다', '좋은 일을 하면 행복하다'라는 뜻으로 풀이한 것이다. 여기서 좋은 일이란, 나를 사랑하는 일, 사랑을 나누는 일, 도와주는 일, 좋아하는 일을 하는 일, 진정 원하는 일을 하는 일 등이다. 이것이 바로 내가 정의한 '행복'이다. 나는 그렇게 다양한 행복론 속에서 나만의 행복을 발견하고 있다.

나는 지금 하고 있는 일을 사랑하는가?

하는 일이 때론 지치고 힘들 때 늘 이 질문을 떠올린다.

현재 내가 해 나가고 있는 일들은 나를 사랑하고, 타인을 사랑하고, 세상을 사랑하기 시작하면서 시작한 일들이다.

건강한 습관을 돕기 위해 시작한 습관 코치.

마인드의 힘을 전하는 마인드 코치.

희망과 용기를 전하는 글을 쓰는 일.

그래서 고되더라도 나는 시작점에서의 나의 마음 상태를 떠올리며 초심을 일깨운다. 때로 원하는 대로 진행이 되지 않았을 때에는 나의 목적과 동기를 믿고, 그럼에도 잘될 것이라 나를 다독인다. 눈에 보이는 결과가 다는 아니기 때문이다. 목적으로 가는 과정이 나에게 더 필요한 선물이 될 수도 있고, 다른 방법도 있다는 것을 알려주는 하나의 알림이 될 수도 있기 때문이다.

하나 기록해두자. 고난이 찾아올 때마다, 힘듦이 찾아올 때마다 자신에게 무슨 말을 해줄 것인가? 그 답을 적고 입으로 중얼중얼 읊어보자. 그 상황이 찾아올 때마다 '내'가 나에게 저절로 응답해줄 수 있도록!

나의 다이어리에 적어둔 것을 공유한다.

문) 넘어지더라도, 고난이 찾아오더라도 내가 나에게 해줄 말은 무엇인가?

답) 진영아, 너는 잘 해낼 거야. 그럼에도 너는 잘되게 되어 있어.

'잘'이라는 글자에 저항이 이는 사람도 있을 것이다. 잘해야 한다는 것에 강박을 갖고 살아온 사람이라면, '잘'을 빼고 이렇게 말해보자.

어쨌거나 저쨌거나 나는 될 사람이다.

우리 모두는 그럼에도 될 사람들이다. 그러므로 자신의 삶의 과정을 신뢰하자.

언젠가 한 경제신문에 실린 기사를 본 적 있다. 세계지식포럼에

온라인으로 참석하는 글로벌 큰손들이 사전에 보내온 공통 메시지에 관한 기사였다.

그 메시지는 이렇다.

"현재 경제 상황이 녹록지 않기 때문에 투자할 때는 보수적인 관점을 가져가면서도 장기적으로 시장에 대한 낙관론을 유지해야 합니다."

나는 이것을 내 삶에 적용해보았다.

인생이 녹록치 않더라도 살면서 내가 지니고자 하는 변하지 않는 가치에 대해서는 보수적인 관점을 유지하면서도 장기적으로 내 인생의 끝은 해피엔딩일 거라는, 낙관주의 관점을 유지하자고 말이다.

TIP 나만의 행복 발견법

행복감을 고조시키려면 다른 누군가의 행복을 무작정 빌어주라는 말이 있다. 나는 그동안 우울하고 침울한 경험이 많았기에 내 마음 밭에 예쁜 꽃도 심고 물도 주고 행복이라는 열매를 맺게 해주고 싶었다. 그러기 위해 선택한 것이 '행복 발산'이다.

나는 아침에 일어나 눈뜨면 조용히 눈을 감고 나를 위한 행복, 남편과 아이들을 위한 행복, 친정 부모님과 시부모님을 위한 행복, 지인들을 위한 행복을 차례대로 빌어주었다. 눈을 감고 그들이 행복해하는 표정을 떠올리면, 내 마음이 곧 행복의 꽃으로 활짝 피는 경험을 했다. 남을 위해 행복을 빌어주었는데 도리어 내가 충만해지는 기분이었다. 그 뒤로 매일 아침 일어나 고정적으로 해야 할 리스트에 적어두고 실천했더니, 보다 기분 좋은 하루를 맞이할 수 있었다. 낮 동안에도 행복 발산은 이어졌다. 지나가는 낯선 이들을 위해서도 행복을 빌었다.

지나가는 꼬마들의 귀여운 얼굴을 보며 마음속으로 '건강하고 행복하렴', 지나가는 아픈 어르신을 뵐 때면 '건강하고 행복하세요', 마트에서 마주치는 계산원분들께도 '감사합니다. 행복하세요'를 말했다.

하루 종일 타인을 위해 행복을 빌어주니, 결국 혜택을 보는 이는 나였다. 누군가에게 행복을 빌어줄 수 있다는 사실은 내가 무언가를 줄 수 있다는 감사함으로 차오르게 했다.

이번 생은 나의 것

"시간이 아까워. 시간이 너무 아까워. 내가 좋아하는 거, 내가 하고 싶은 거 지금 당장 하면서 살래."

드라마 〈슬기로운 의사생활〉에서 나온 양석형의 대사 일부이다.

이 대사를 듣고 어떤 생각이 드는가? 나는 우리의 생은 유한한 삶이라는 것을 잊지 말아야겠다는 생각이 든다. 그러니 이번 생, 깊이 살아야 하지 않겠나 하는 의욕이 생긴다. 누구나 삶이 유한하다는 생각이 드는 순간, '내'가 하고 싶은 거 당장하고, 원하는 거 다 이루고 싶을 것이다. 만약 당신이 삶과 시간의 소중함을 알고 오늘도 달리고 있다면, 나는 기꺼이 박수 쳐드리고 싶다.

'나'의 인생경영에 있어 가장 중요한 것은 스스로를 성장시켜나가는 데에 있다. 물론 때로는 쉬어줄 타이밍, 머무를 타이밍, 과감히 그만둘 타이밍도 조절하면서 말이다. 그것이 가능해지려면 어디까지나 자신과 연결되어 마음의 진정한 소리를 들을 수 있어야 한다. 그리고 마음의 소리를 들으려면 늘 깨어 있어야 한다. 깨어서 '나'의 마음을 바라봐주고 또 내가 필요한 것을 그때그때 눈치 채서 충족시켜 주어야 한다.

많은 시간, 나는 멀리 돌아왔다. 내가 나를 미워하며 아파한 날들, 세상을 등지고 싶던 날들, 나는 가망이 없나 보다 하며 세상과 단절했던 날들을 걸어왔다. 하지만 그 시간들을 그럼에도 불구하고 잘 견뎠기에 다시 일어나는 법도 배웠다. 인생 살다 보면 '나'만 힘든 것 같은 생각이 들 때가 누구나 있다. 하지만 사람인 이상 누구나 힘들다. 그러나 힘든 시간만으로 꽉 채워져 있지는 않다. 인생 곡선, 업 앤 다운이 있다. 그것이 자연스러운 인생의 그림이다. 그 그림 안에서 절망만 하고 있을 필요는 없다. 한 번뿐인 인생, 스스로를 보듬으며, 응원하며 또 힘을 내며 그렇게 사는 것이 어떨까?

실버 유튜버로 유명한 박막례 할머니의 말씀이 생각난다.

"왜 남의 장단에 맞춰 춤추려고 하냐? 북 치고 장구 치고 니 하고 싶은 대로 치다 보면 그 장단에 맞춰서 춤추고 싶은 사람들이 와서 춤추는 거여!"

다른 사람들의 시선과 평가에 주눅 들고, 남들이 정해놓은 기준에 맞춰 살아온 세월, 이제는 그 세월 그만 살라고 꾸짖는 말씀 같다. 그래봤자 본인만 손해라고 알려주시는 조언 같다. 혹시 오늘도 타인에 의해, 강박에 의해 '내' 마음을 무시하는 선택을 하고 있다면 그 선택을 버리자. 고개를 들어 눈을 뜨자. 지나온 시간들을 반면교사로 삼아, 밑거름 삼아서 무소의 뿔처럼 자신만의 니즈를 찾아 나아가자. 그것을 다짐하며 외쳐보자.

"이번 생은 '나'의 삶!"

나는 이 땅의 모든 엄마들 그리고 아이들을 키우며 '나'로서의 삶
도 열심히 살아가는 우리 주부들에게 뜨거운 박수를 보낸다. 저마다
의 어느 인생 공간에서 '잘 살고 있다'는 소식을 전하고, 함께 축하하
는 사이가 되면 좋겠다.

대한민국 주부들, 우리 엄마들 파이팅!

나의 길을 가는 사람

'엄마', '나'. 둘 다 나다. '엄마'라는 역할을 통해 '나'라는 사람을 찾을 수 있었고, '나'라는 사람이 있어 '엄마'가 될 수 있었다. 그 전까진 어떤 역할이 생기면 그 안에 나를 가두려고만 생각했던 것 같다. 하지만 이제는 안다. 어떤 역할이든 그 모든 것들이 나를 조화롭게 표현할 수 있는 창구라는 것을. 한 가지 역할로 고정되는 것이 아니라 시너지를 일으켜 다양한 역할로 빛날 수 있다는 것을.

새로운 시대가 도래했다. 코로나 19 이후 예상치 못한 변화가 시작되었다. 나는 그 혼돈 속에서 나만의 질서를 찾아가고 있다. 당신도 그러기를 바란다. 그 과정이 쉽지는 않지만, 코로나 블루 현상으로 무기력하고 우울감이 느껴진다면 스스로 끊어내야 한다. '나'의 인생경영을 위해 공부해야 하고, 나뿐만 아니라 가족이 함께 잘 살기 위해 서로가 윈윈할 수 있는 환경을 만들어가야 한다. 혼자 있어도 좋고 함께 있어도 좋은 상태가 되게 하자. '나'로서 우뚝 설 수 있으려면 자신이 무엇을 좋아하고 무엇을 잘하는지, 자신과 연결된 시간들을 통해 찾아야 한다. 누군가와 함께 있을 때는 서로 성장을 독려하고 응원하면서 나아가보자.

나는 성공을 이렇게 정의한다.

'나'의 인생경영을 주체적으로 주도적으로 잘 이끌어가는 것. 그 속에서 '나'의 중심을 잡고 휘둘리지 않기 위해 그 중심의 기둥을 잘 설계해가는 것. 그것을 이루기 위해 '나'만의 시간을 확보하고 마음 공부를 꾸준히 해나가는 것이다. 자신이 어떤 것을 필요로 하는지 그때그때 '내' 마음을 읽고 필요한 것들을 선물해주는 것이다.

나는 이렇게 '내가 정의한 성공'을 이루었다. 성공을 이룬 방법을 5가지만 소개 한다.

1) 나의 건강을 위해 영양결핍이 일어나지 않도록 다양한 영양
   과 내 몸이 좋아하는 운동을 제때 챙겨주었다.
2) 필요한 공부가 있을 때 도움이 되는 책들을 찾아주었다.
3) 쉬고 싶을 때 이부자리를 넓게 펴줄 그 마음의 공간을 스스로
   에게 내어주었다.

4) 빡치는 일이 있을 때, 욕하고 싶을 때 안전한 장소를 미리 마
   련해주었다.
5) 내 꿈을 진심으로 응원해주는 소중한 동지들과 함께했다.

삶은 결국 한 걸음 한 걸음 나아가면서 '나'만의 길을 닦는 것이
다. 그 길 위를 걷다 보면 방향도 잡힌다. 방향을 잡고 걸어가다 보면
또 다른 길도 보인다. 그리고 모든 길이 결국엔 하나로 만난다. 인생
의 끝이라는 길.
   그 종착점에 도착할 때까지 '내'가 나를 잘 데리고 살자.

끝으로 브런치 작가가 되면서 내가 적었던 작가명이 있다.
나로.
나로의 '나'는 '나(我)'를 의미하고,
뒤의 '로'는 '路(길)'을 의미한다.
즉 '나의 길'이라는 뜻이다.

브런치 프로필 칸에 적었던 내용을 소개해본다.

안녕하세요.

저는,

나의 길을 나만의 속도로 걷는 여자.

스스로 길을 만들어가는 여자.

그 길에서 진정한 나를 만나는 여자.

나로(路) 작가입니다.

당신도 당신만의 '나로'를 만들어가기 바란다. 이 책을 통해 언젠
가 나와 만나게 되면 자신만의 '나로'를 잘 만들어가고 있다고 말해
주면 기쁠 것 같다.

'나' 인생경영에 참여한 분들의 후기

마음경영 PART

이제는 외부에서 온갖 정보를 얻으려고 애쓸 필요가 없게 되었답니다. 행복을 찾기 위해 더 이상 외부로 눈길을 둘 필요가 없게 된 것이지요. 내 삶속에서 내가 주인공이 되어 스스로 깨닫고 직접 겪고 느껴봐야 합니다. 미처 깨닫지 못했던 내 삶 속에 숨은 다이아몬드들을 척척 알아볼 수 있는 능력이 생깁니다.

- db*******

나에 대한 것을 나 스스로 긍정적인 시선으로 바라보니, 나를 사랑하니, 나의 가족들, 부모님, 형제들, 남편의 가족들, 나의 소중한 지인들 진심으로 사랑하고 잘되길 바라게 되더라구요.
또한 나의 내면의 생각들을 긍정적으로 어떻게 임해야 하는지에 대한 생각의 시간을 가지니, 저에겐 아주 소중한 시간들이었네요.

- su***

항상 밖으로 향해 있었던 감사하는 마음을 안으로 돌릴 수 있었던 시간이었어요. 나에게 조금 더 감사하고, 내 안에 감사함이 충만해졌을 때 밖으로 향한 감사하는 마음에 진정성이 담길 수 있다는 것을 이제 알아요.

- ma*******

나의 내면의 소리와 느낌을 글로 적어보니, 앞으로 내가 살아가야 할 삶의 목표가 확실해져요. 나아갈 방향을 정하고 나니, 하루하루가 소중하게 느껴져요. 가슴속 응어리와 나의 질책들을 내려놓게 되었고, 나를 진정으로 사랑하고 용서하게 되었어요. 세상을 바라보는 눈빛만 달라졌는데도 이렇게 환하고 멋진 세상이 펼쳐지네요.

- sk*******

새벽 경영 PART

제일 달라진 점은 아침 스트레칭을 하니까 체력이 좋아졌다는 거에요. 긍정 에너지가 정말 많이 생겼어요. 기록하고 계획 세워서 일을 하니까 많은 일도 수월하게 잘 해낼 수 있습니다!

- ps******

워낙 운동량이 적어 아침 스트레칭 10분 하는 것도 힘들었는데, 지금은 스트레칭과 요가까지 해도 개운합니다. 그리고 기상 시간도 불규칙적이고 감사일기도 썼다 안 썼다 했는데, 규칙적으로 써서 좋은 것 같아요. 무엇보다도 책을 정독해서 좋습니다

- sk******

아침스프(새벽경영)가 제 인생에 아주 중요한 전환점이 될 것 같아요 값을 매길 수 없을 정도로 가치있는 프로젝트였습니다.

- ip****

가벼운 스트레칭하고 감사일기 쓰고 독서하고 출근하면 기분이 넘 좋더라구요 그래서 아침을 성공하는 게 진짜 중요하구나 생각했어요.

- al******

해도 뜨지 않은 깜깜한 새벽에 나에게만 집중할 수 있는 시간이 너무 좋고, 무엇보다도 가장 좋은 점은 신체 에너지가 100퍼센트인 상태에서 독서를 하니 너무 집중이 잘 됩니다. 어린아이 둘을 키우는 저로서는 새벽 시간이 아니면 저에게 투자할 수 있는 시간, 성장할 수 있는 시간이 없거든요. 아침 8시에 이미 여러 가지 일을 해냈다는 성취감에 하루 종일 기분 좋고 행복한 마음이 들었어요.

- ly******